MAURÍCIO MORAIS

ORACLE FORMS DEVELOPER

Fundamental

EDITORA CIÊNCIA MODERNA

Oracle Forms Developer - Fundamental

Editor: Paulo André P. Marques
Produção Editorial: Dilene Sandes Pessanha
Capa: Daniel Jara
Diagramação: Daniel Jara
Copidesque: Equipe Ciência Moderna

FICHA CATALOGRÁFICA

OLIVEIRA, Maurício Morais de.

Oracle Forms Developer - Fundamental

Rio de Janeiro: Editora Ciência Moderna Ltda., 2021.

1.Informática
I — Título

ISBN: 978-65-5842-081-1 CDD 001.642

Editora Ciência Moderna Ltda.
R. Alice Figueiredo, 46 – Riachuelo
Rio de Janeiro, RJ – Brasil CEP: 20.950-150
Tel: (21) 2201-6662/ Fax: (21) 2201-6896
E-MAIL: LCM@LCM.COM.BR
WWW.LCM.COM.BR

07/21

Dedicatória

A Professora e Educadora Hulda Morais, que nas décadas de 60 a 90 contribuiu significativamente para erradicação do analfabetismo no Brasil. Em especial no bairro Cidade 2000 e adjacências em Fortaleza - CE.

Agradecimentos

Primeiramente, agradeço a Deus, que até aqui nos tem proporcionado uma vida cheia de adversidade, mas também de vitória, acima de tudo.

Aos meus pais, Gerson Augusto de Oliveira (em memória) e Hulda Morais de Oliveira, que me ensinaram princípios e valores éticos que têm norteado a minha existência e que venho tentando repassar aos meus filhos.

A minha esposa Vera Lúcia, que sempre me apoia, incentiva e está sempre ao meu lado.

Aos meus filhos, Júlia e Lucas, que a cada ano que passa sempre me enchem de orgulho com suas conquistas.

Enfim, aos meus colegas de trabalho que, ao longo destes anos, no dia a dia, contribuíram direta ou indiretamente para meu crescimento pessoal e profissional.

Prefácio

Um livro deve ser escrito com um objetivo e para um público específico, assim o autor pode detalhar todo assunto, sabendo que o seu público será devidamente satisfeito. Este livro cumpriu esta regra.

Escrito por um profissional experiente em desenvolvimento de sistemas e na ferramenta abordada, a obra é leitura obrigatória para estudantes de Tecnologia da Informação que têm por objetivo trabalhar com o Banco de Dados Oracle e para profissionais que vivenciam o Oracle e seu contexto, sendo leitura de apoio e consulta ao profissional no dia a dia.

O livro apresenta a ferramenta Oracle Forms de forma didática e ampla. A leitura é fácil e fluída, sem muitos termos técnicos, o que não é muito fácil para um livro técnico. O leitor explora os diversos capítulos do livro e, ao final, além de ter uma visão ampla da ferramenta estará apto a utilizá-la.

Esta obra traduz todo conhecimento e experiência de mais de 20 anos de TI e 10 de vivência com Oracle Forms do autor. Só assim, consegue-se um livro completo e de fácil leitura.

Fred Mapurunga
Analista de Sistemas do Grupo Edson Queiroz

Quantas vezes você começou a estudar alguma ferramenta ou tecnologia e as referências que você encontrava eram muito básicas ou explicavam os assuntos pela metade? Muitas vezes, né?

Que tal, então, abordar assuntos de forma completa?

Este livro lhe proporcionará adquirir um vasto conhecimento sobre Oracle Forms, ferramenta extremamente difundida no Brasil e no mundo, fazendo com que você saia do zero e atinja um nível considerável como desenvolvedor. A forma de organização dos assuntos e conteúdo, foi cuidadosamente pensada e formulada para facilitar seu aprendizado, e também, a consulta caso surja alguma dúvida durante qualquer implementação na qual você esteja envolvido.

Trabalhar com Oracle Forms é um excelente desafio para quem entra em contato com o mundo Oracle, mercado de trabalho não falta para quem conhece essa tecnologia. Aproveite o conteúdo deste livro para aperfeiçoar seu currículo e colher os frutos de conhecer Oracle Forms.

Antonio Mario
Senhor Software Developer na RCit Consultoria

Sobre o Autor

Escritor, Blogueiro, Empreendedor e Oracle Developer.

Pós-graduado em desenvolvimento de sistema web com ênfase na arquitetura Java pela Universidade de Fortaleza.

Com 30 anos de experiência profissional em analise, desenvolvimento e manutenção de sistemas.

Foi professor na Escola de Tecnologia da Pós-Unifor na Universidade de Fortaleza.

Foi professor tutor no curso de Licenciatura em Computação EAD na Universidade Estadual do Ceará e autor do Livro Irepor: Crie Relatórios Práticos e Elegantes pela Editora Casa de Código.

Idealizou e implementou um gerador de código Oracle EBS.

Possui certificações em Scrum Fundamentals Certified e em Scrum Foundation Professional Certificate

Escreve e publica tutoriais técnicos sobre Oracle EBS e Java Web no Linkedin.

Sumário

Capítulo 1

Introdução

De uma forma simples e objetiva podemos definir Oracle Forms como uma ferramenta de programação (Interface de Desenvolvimento - IDE) Cliente/Servidor e Web da Oracle bastante simples, prática e eficiente. Ela utiliza a linguagem PL/SQL com a qual, através da IDE, implementamos os formulários para acessar o banco de dados Oracle.

O Oracle Forms Developer fornece um conjunto de objetos integrados que permitem aos desenvolvedores de aplicativos construírem de maneira fácil e rápida sofisticados formulários de banco de dados e lógica de negócios com o mínimo de esforço. Fornece um ambiente RAD (_Rapid Application Development_ - Desenvolvimento Rápido de Aplicativos) que auxilia o leitor na implementação de um formulário. Os recursos permitem que os desenvolvedores criem aplicativos totalmente funcionais a partir de definições de banco de dados com codificação reduzida.

Os formulários são implementados como arquivos `*.fmb` e, depois de compilados, a IDE gera um arquivo `*.fmx` (arquivo executável). A aplicação Forms é composta por um ou mais formulários. O formulário compilado, depois de publicado, é executado em uma aplicação.

Para um maior entendimento, segue o fluxo do desenvolvimento de um formulário.

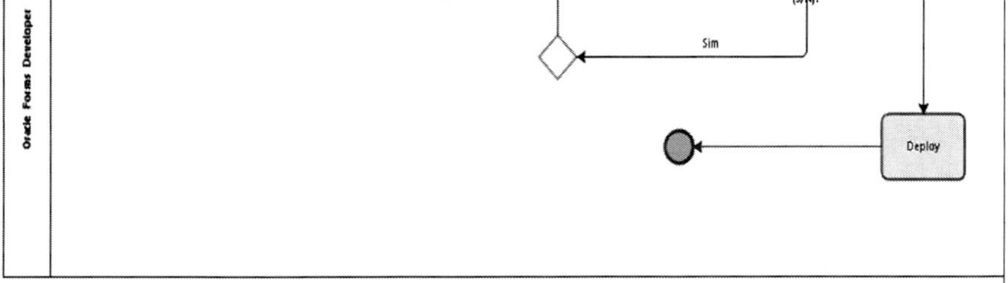

A IDE implementa formulários orientados a eventos, ou seja, implementa fun cionalidades que são disparadas a partir de um evento. Esses eventos executam as triggers. Por exemplo, um clique no botão do formulário pode disparar uma trigger que faz uma inclusão na tabela cliente. As funções de tratamento de eventos chamadas de _acionadores_, que são invocadas em etapas no processamento de registros, no recebimento de toques no teclado e no recebimento de movimentos do mouse. Triggers diferentes podem ser chamadas antes, durante e depois de cada etapa.

A IDE foi originalmente desenvolvida para rodar em ambiente cliente-servidor e posteriormente para rodar em ambiente Web. A Oracle utiliza Oracle Forms no desenvolvimento do seu sistema ERP ORACLE, que é largamente utilizado por grandes empresas brasileiras.

Durante o aprendizado de Oracle Forms, em cada capítulo do livro, serão demonstrados alguns exemplos práticos que você vai utilizar no seu dia a dia. Por conta disso, antes é preciso instalar e configurar o ambiente de desenvolvimento Oracle Forms.

Os exemplos práticos que serão abortados e implementados utilizando os seguintes recursos de software:

1. Banco de Dados Oracle.
2. Oracle Forms Developer.

Importante

Para realizar download de produtos Oracle, faz-se necessário criar gratuitamente uma conta no site Oracle no momento do download. Após a criação da conta, os downloads dos produtos Oracle serão disponibilizados gratuitamente de acordo com a política de licença dos produtos Oracle.

Instalando do Oracle Database

Acesse o link a seguir para fazer o download do Oracle Database Express Edition (XE) Release 18.4.0.0.0 (18c):

https://www.oracle.com/technetwork/pt/database/express-edition/downloads/index.html/

Após o término do download, acesse o aplicativo de instalação que disponibilizará um assistente que guiará o processo.

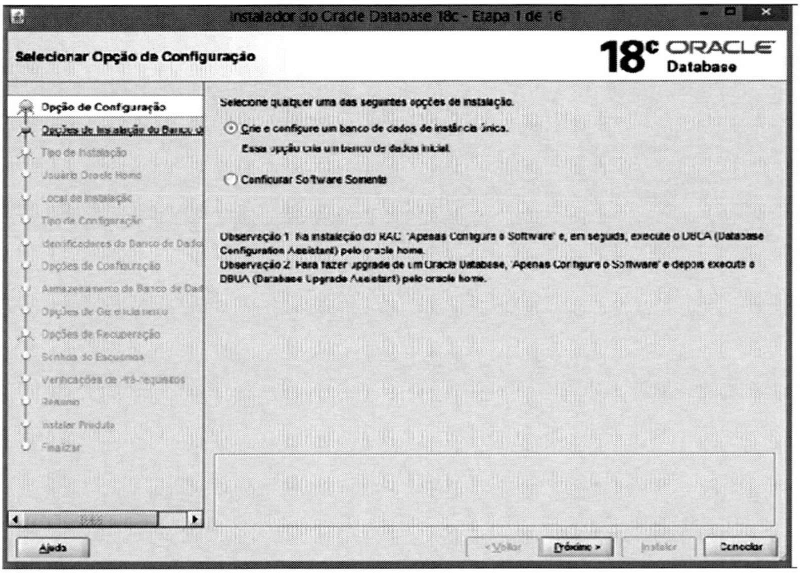

Instalando do Oracle Forms Developer

Acesse o link a seguir para fazer o download do Oracle Developer Suite 10gR2 (10.1.2.0.2) para Microsoft Windows:

https://www.oracle.com/technetwork/developer-tools/developer-suite/downloads/101202winsoft-087370.html

Após o término do download, acesse o aplicativo de instalação que disponibilizará um assistente que guiará o processo.

Variável de ambiente

Após o término da instalação do Oracle Forms, você deverá criar uma variável de ambiente de nome: `FORMS_PATH`. Apontando para pasta de instalação. Por exemplo: `C:\DevSuiteHome_1\forms;`

A ausência da variável de ambiente pode afetar o funcionamento do Oracle Forms. Por isso, se faz necessário criar a variável de ambiente para que não ocorra problemas de funcionamento durante a utilização do Oracle Forms.

Conclusão

Neste capítulo aprendemos: conceitos introdutório sobre Oracle Forms Developer e como fazer o download das ferramentas que o leitor irá utilizar.

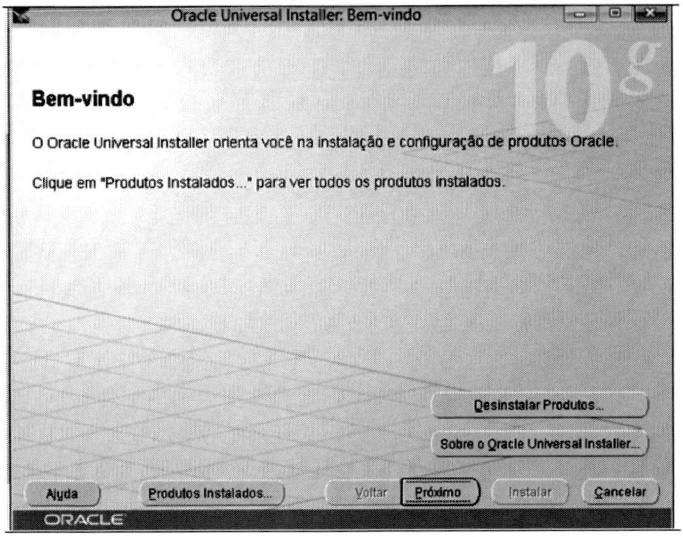

Referência

Página oficial da Oracle com a documentação do Oracle Forms.

https://docs.oracle.com/middleware/12213/formsandreports/index.html acessado em 27/01/2019.

Capítulo 2

Conhecendo a Interface de Desenvolvimento

Neste capítulo vamos apresentar os principais objetos disponibilizados pelo Oracle Forms, que você poderá utilizar durante a construção de um formulário e os principais eventos que podem ser disparados durante a execução de um formulário que você poderá utilizar para codificar a sua aplicação.

Conhecendo os objetos

Assistente de bloco

Ao criar um Bloco de Dados, será disponibilizado um Assistente de Bloco que irá guiar o leitor na criação do Bloco de Dados.

Assistente de Canvas

Ao criar uma canvas. Será disponibilizado um Assistente de Canvas que irá guiar o leitor na criação da canvas.

Assistente de LOV

Ao criar uma LOV. Será disponibilizado um assistente de LOV que irá guiar o leitor na criação da LOV.

Atributos Visuais

O Leitor irá utilizar os atributos visuais para formatar itens de texto, itens de display, grupos de registros, dentre outras aplicações.

Bibliotecas Anexadas

Este objeto o Leitor irá utilizar para anexar bibliotecas com recursos (procedure, pakager etc.) já codificados, que serão utilizados pelos formulários.

Bibliotecas PL/SQL

Disponibiliza recursos necessários para a criação e encapsulamento de Biblioteca PL/SQL, que poderão ser utilizados por outros formulários.

Blocos de Dados

Um bloco é um dos principais objetos da IDE e normalmente está associado (acoplado) a uma tabela ou select. É composto por:

1. itens que são os campos de uma tabela, campos de select ou campos calculados.
2. Triggers onde Leitor irá implementar o código do formulário.
3. Botões de uma canvas.

Canvas (Tela)

No objeto Canvas o Leitor irá criar as telas do formulário.

Editor do Canvas

O editor canvas disponibiliza componentes que o Leitor irá utilizar para criar sua tela.

Editor PL/SQL

O editor PL/SQL disponibiliza uma área para que o Leitor possa codificar o formulário.

Grupos de Registros

O Leitor irá utilizar o grupo de registro para codificar um select, por exemplo: um select na tabela UF.

Janelas

O Leitor irá utilizar Janelas para incluir as canvas que serão mostradas aos usuários.

LOV

É uma lista de valores associados (acoplados) a um grupo de registro que o Leitor irá utilizar, por exemplo: disponibilizar uma lista de UF onde o operador irá selecionar a UF do cliente.

Paleta de Propriedades

Todo objeto disponibiliza uma Paleta de Propriedades que o Leitor irá utilizar para configurar o objeto. Todo objeto tem uma propriedade nome onde definimos o nome do objeto. Por exemplo, no objeto formulário: FormOracleForm.

Triggers

Eventos disparados automaticamente durante um processo ou por uma ação do operador, por exemplo: um clique do botão. Onde o Leitor irá implementar o código do formulário.

Unidade de Programa

Procedimentos escritos na linguagem PL/SQL e armazenados em um formulário.

Conhecendo os Eventos

Block Processing Triggers

O processamento de bloco desencadeia o disparo em resposta a eventos relacionados ao gerenciamento de registros em um bloco.

When-Create-Record

Execute uma ação sempre que o Oracle Forms tenta criar um novo registro em um bloco.

When-Clear-Block

Execute uma ação sempre que o Oracle Forms esvazia o bloco atual; isto é, remove todos os registros do bloco.

When-Database-Record

Execute uma ação sempre que o Oracle Forms altera o status de um registro para Inserir ou Atualizar, indicando que a gravação deve ser processada pela próxima operação COMMIT_FORM.

Interface Event Triggers

O evento de interface desencadeia o disparo em resposta a eventos que ocorrem na interface de formulário. Alguns desses gatilhos, como When-Button--Pressed, disparam somente em resposta à entrada ou manipulação do operador. Outros, como When-Window-Activated, podem disparar em resposta à entrada do operador e ao controle programático.

When-Button-Pressed

Inicie uma ação quando um operador clica um botão.

When-Checkbox-Changed

Inicie uma ação quando o operador altera o estado de uma caixa de seleção.

When-Image-Activated

Inicie uma ação sempre que o operador clicar duas vezes em um item de imagem.

When-Image-Pressed
Inicie uma ação sempre que um operador clica em um item de imagem.

When-Radio-Changed
Inicie uma ação quando um operador muda o botão de rádio atual selecionado em um item de grupo de rádio.

When-Window-Activated
Inicie uma ação sempre que um operador ou o aplicativo ativa uma janela.

When-Window-Closed
Inicie uma ação sempre que um operador fechar uma janela com o comando Fechar do gerenciador de janelas.

When-Window-Deactivated
Inicie uma ação sempre que uma janela é desativada como resultado de outra janela se tornar a janela ativa.

Master/Detail Triggers
Oracle Forms gera disparadores de mestre / detalhe automaticamente quando uma relação mestre / detalhada é definida entre blocos. Os gatilhos de mestre / detalhe padrão impõem a coordenação entre registros em um bloco de detalhes e a gravação mestre em um bloco mestre.

A menos que desenvolvam esquemas personalizados de coordenação de blocos, você não precisa definir esses disparadores.

On-Check-Delete-Master
Quando o Oracle Forms tenta eliminar uma gravação em um bloco que é um bloco mestre em uma relação mestre / detalhada.

On-Clear-Details
Quando o Oracle Forms precisa limpar registros em um bloco que é um bloco de detalhes em uma relação mestre / detalhada porque esses registros não correspondem mais à gravação atual no bloco mestre.

On-Populate-Details
Quando o Oracle Forms precisa obter registros em um bloco que é o bloco de detalhes em uma relação mestre / detalhada para que os registros de detalhes sejam sincronizados com a gravação atual no bloco mestre.

Message-Handling Triggers

O Oracle Forms automaticamente emite mensagens de erro e informações adequadas em resposta a eventos de tempo de execução. O tratamento de mensagens desencadeia o disparo em resposta a esses eventos de mensagens padrão.

On-Error

Substitua uma mensagem de erro padrão por uma mensagem de erro personalizada ou para capturar e recuperar de um erro.

On-Message

Para capturar e responder a uma mensagem; por exemplo, para substituir uma mensagem padrão emitida pela Oracle Forms com uma mensagem personalizada.

Validation Triggers

A validação dispara quando o Oracle Forms valida dados em um item ou registro. O Oracle Forms realiza verificações de validação durante a navegação que ocorre em resposta à entrada do operador, controle programático ou processamento padrão, como uma operação Commit.

Navigational Triggers

Os disparadores de navegação disparam em resposta a eventos de navegação. Os disparadores de navegação podem ser subdivididos em duas categorias: Pre- e Post-triggers, e When-New-Instance dispara. Pre- e Post-Triggers disparam quando Oracle Forms navega internamente através de diferentes níveis da hierarquia de objetos. When-New-Instance-Triggers dispara no final de uma sequência de navegação que coloca o foco de entrada em um item diferente.

Pre-Form

Execute uma ação antes do Oracle Forms navegar para o formulário de "fora" do formulário, como na inicialização do formulário.

Pre-Block

Execute uma ação antes que o Oracle Forms navegue para o nível de bloco do nível do formulário.

Pre-Record

Execute uma ação antes que o Oracle Forms navegue para o nível de registro a partir do nível de bloco.

Pre-Text-Item

Execute uma ação antes que o Oracle Forms navegue para um item de texto a partir do nível recorde.

Post-Text-Item

Manipule um item quando o Oracle Forms deixa um item de texto e navega até o nível recorde.

Post-Record

Manipule um registro quando o Oracle Forms deixa um registro e navega até o nível do bloco.

Post-Block

Manipule o registro atual quando o Oracle Forms deixa um bloco e navega até o nível do formulário.

Post-Form

Execute uma ação antes que o Oracle Forms navegue para "fora" do formulário, como, por exemplo, quando sair do formulário.

When-New-Form-Instance

Execute uma ação no início do formulário. (Ocorre após os gatilhos do Pre-Form).

When-New-Block-Instance

Execute uma ação imediatamente após a entrada se mover para um item em um bloco diferente do bloco que anteriormente tinha foco de entrada.

When-New-Record-Instance

Execute uma ação imediatamente após o foco de entrada se mover para um item em um registro diferente.

When-New-Item-Instance

Execute uma ação imediatamente após o foco de entrada se mover para um item diferente.

Transactional Triggers

Os disparadores transacionais disparam em resposta a uma grande variedade de eventos que ocorrem quando um formulário interage com a fonte de dados.

Query-Time Triggers

O tempo de consulta desencadeia antes e logo após o operador ou o aplicativo executar uma consulta em um bloco.

Pre-Query

Valide os critérios de consultas atuais ou forneça critérios de consultas adicionais por programação, antes de enviar a instrução SELECT para o banco de dados.

Post-Query

Execute uma ação após buscar um registro, como pesquisar valores em outras tabelas com base em um valor do select atual. Uma vez por cada registro alcançado no bloco.

Conclusão

Neste capítulo aprendemos: os principais objetos disponibilizados pelo Oracle Forms, que o leitor poderá utilizar durante a construção de um formulário e os principais eventos que podem ser disparados durante a execução de um formulário que o leitor poderá utilizar para codificar a sua aplicação.

Referência

Lista de eventos
http://www.oracleerpappsguide.com/2011/03/triggers-in-oracle-forms.html

Capítulo 3

Aplicativo de Demonstração

Para que possamos testar e rodar os formulários que vamos criar no decorrer dos capítulos deste livro, implementaremos um aplicativo de demonstração com todas as funcionalidades necessárias para poder executá-los.

O aplicativo será implementado usando tecnologia Oracle. Os formulários que implementaremos fazem parte do Sistema de Gestão de Cliente. Um aplicativo de E-Mail Marketing da startup MMO DEVELOPER especializada em desenvolvimento de software em Fortaleza – CE, para gerenciar o relacionamento de uma empresa com seus clientes.

Recursos Tecnológicos

O aplicativo será implementado utilizando os seguintes recursos:

1. **Banco de Dados Oracle.**
2. **Oracle Forms Developer.**

Tabelas

Tabela	**Descrição**
Cliente	Responsável pelo armazenamento das informações de Cliente.
Município	Responsável pelo armazenamento das informações de Município.
UF	Responsável pelo armazenamento das informações de UF (Unidade Federativa).

Paleta de Propriedades

Todo objeto disponibiliza uma Paleta de Propriedades que o Leitor irá utilizar para configurar os objetos. Todo objeto tem uma lista de propriedades.

Selecione um Objeto e em seguida clique com botão direito. Será disponibilizado um SUBMENU, clique na opção Paleta de Propriedade, que é utilizada para configurar as propriedades dos objetos. Para cada Objeto a IDE disponibiliza uma lista de propriedades, dentre estas propriedades podemos citar:

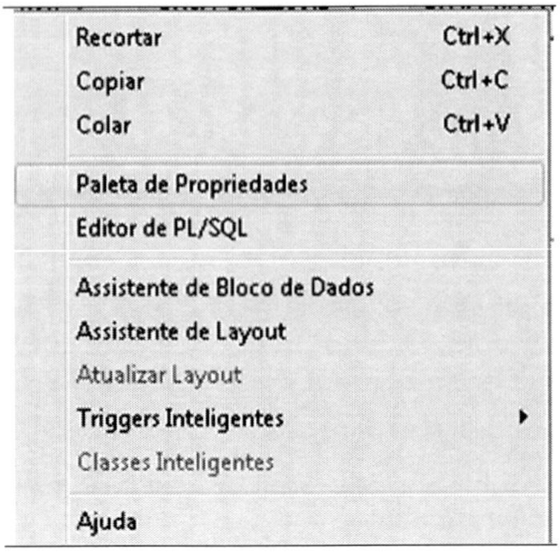

Bloco de Dados

Segue uma lista de propriedades do objeto Bloco de Dados

Propriedade	**Descrição**	**Exemplo**
Nome	Identifica o objeto	BLC_UF
Tipo de Origem de Dados da Consulta	Ao clicar é disponibilizada uma lista	Tabela
Nome da Origem de Dados da Consulta	É o nome da origem da informação	UF

Canvas

Segue uma lista de propriedades do objeto Canvas

Propriedade	**Descrição**	**Exemplo**
Tipo de Canvas	Ao clicar é disponibilizado uma lista	Conteúdo
Largura	Configura a Largura da Canvas	600
Altura	Configura a Altura da Canvas	378
Cor de Primeiro Plano	Configura a cor da canvas	r100g0b50
Cor de Fundo	Configura a cor da canvas	r100g25b75

Itens

Segue uma lista de propriedades do objeto Itens

Propriedade	**Descrição**	**Exemplo**
Tipo de Dados	Disponibilizado uma lista	Number
Tamanho Máximo	Capacidade máxima de dígito suportado	10
Item de Banco de Dados	Disponibilizado uma lista	Sim, Caso o item seja um campo de tabela
Nome da Coluna	Nome da Coluna na Tabela	COD_UF
Lista de Valores	Disponibilizada uma lista de LOV	LOV_UF
Visível	Disponibiliza uma lista	Sim, Se o campo for visível na Canvas
Canvas	O nome da Canvas que irá exibir o item	CANUF
Prompt	O conteúdo do Label que será exibido na Canvas	COD_UF
Necessário	Disponibiliza uma lista	Sim, o campo é obrigatório
Dica	Um texto que ajuda a entender o campo	Ao passar o mouse em cima do Label mostra mensagem

LOV

Segue uma lista de propriedades do objeto LOV

Propriedade	**Descrição**	**Exemplo**
Grupo de Registro	Disponibiliza uma lista	GREGMUNICÍPIO

GRUPOS DE REGISTROS

Segue uma lista de propriedades do objeto Grupos de Registros

Propriedade	**Descrição**	**Exemplo**
Tipo de Grupo de Registros	Disponibiliza uma lista	Consulta
Consulta de Grupo de Registro	Um select em uma tabela	SELECT * FROM UF

Conclusão

Neste capítulo aprendemos: um aplicativo de demonstração, para que o leitor possa executar os formulários que vamos criar no decorrer dos capítulos deste livro, implementaremos um aplicativo de demonstração com todas as funcionalidades necessárias para que o leitor possa praticar os conhecimentos adquiridos.

Capítulo 4

Criando Formulário

Neste capitulo iremos demonstrar como implementar e/ou codificar utilizando trigger disponibilizada pela IDE.

Iremos implementar e/ou codificar CRUD implementando o código na trigger:

1. **Cadastro de UF.**
2. **Cadastro de Município.**
3. **Cadastro de Cliente.**

Cadastro de UF

Criando Formulário FRMUF

Selecione o Formulário criado, e em seguida clique com o botão direito. Será disponibilizado um submenu, clique na opção Paleta de Propriedade, que é utilizada para configurar as propriedades do Formulário. Na propriedade Nome atribua o valor FRMUF. Retorne ao Navegador de Objeto.

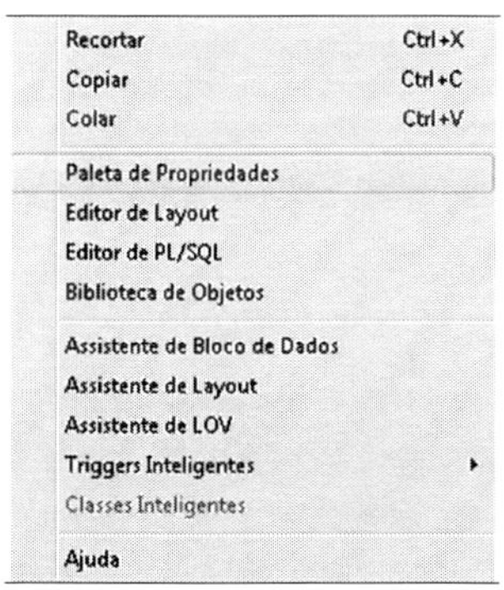

Criando Bloco de Dados

Selecione o objeto Bloco de Dados, em seguida clique no ícone (+) no canto superior esquerdo da IDE. Será disponibilizada uma tela de diálogo, conforme a figura a seguir. Marque a opção: "Usar o Assistente do Bloco de Dados" e, em seguida clique no botão OK.

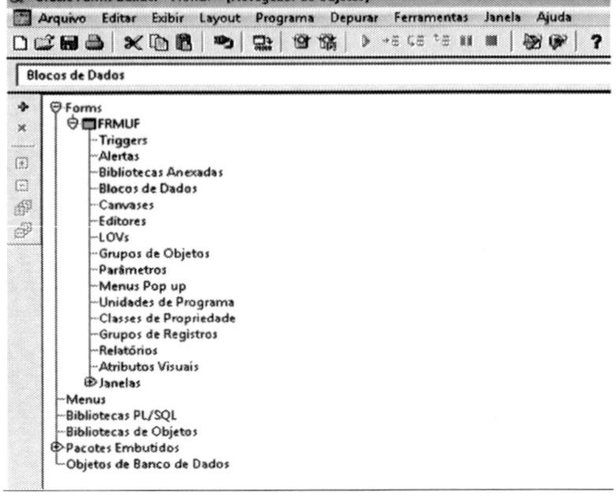

Será disponibilizada a tela de diálogo, conforme figura a seguir. Iniciando o Assistente de Banco de Dados. Em seguida clique no botão Próximo.

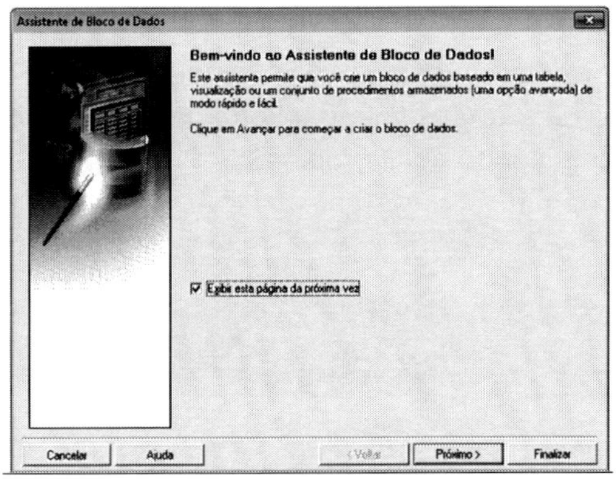

Será disponibilizada a tela de diálogo, conforme figura a seguir, onde o Leitor deverá informar a tabela, neste caso UF . E seguida clique no botão Procurar. Serão disponibilizados todos os campos da tabela UF. Caso o Leitor não esteja conectado ao banco de dados serão solicitados os dados para conexão. Selecione todos os campos da tabela UF clique no botão (>>) os campos selecionados passarão para área itens do banco de dados. Em seguida clique no botão próximo.

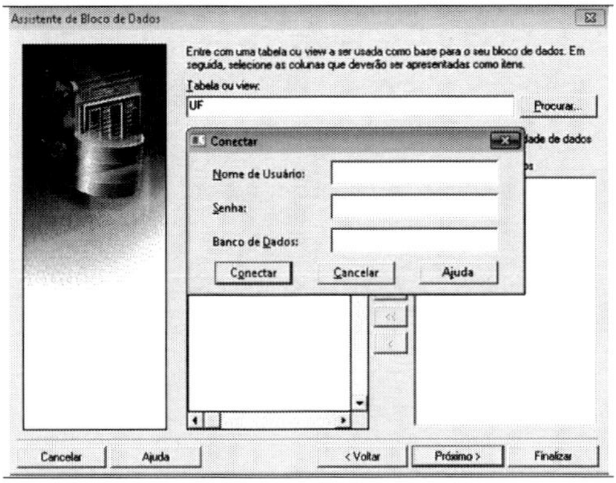

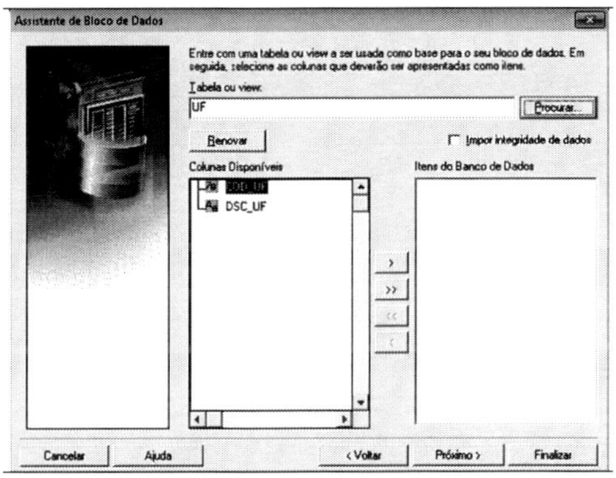

Será disponibilizada a tela de diálogo conforme figura a seguir, onde o Leitor deverá informar o nome do Bloco de Dados: BLCUF . Em seguida clique no botão próximo.

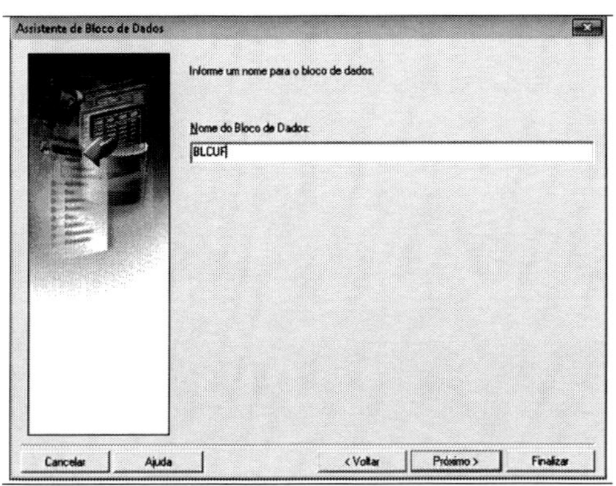

Será disponibilizada a tela de diálogo conforme figura a seguir. Informando que foi concluída a criação do Bloco de Dados. Em seguida clique no botão próximo.

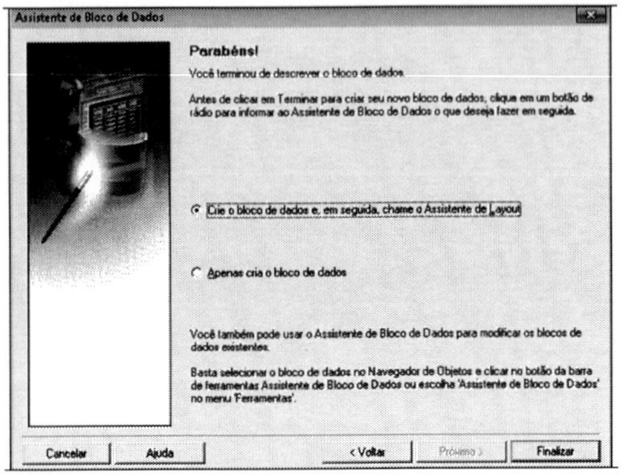

Criando Canvas

Será disponibilizada a tela de diálogo conforme figura a seguir. Disponibilizando assistente de canvas , onde o Leitor irá iniciar a criação das canvas Cliente. Na opção Tipo serão disponibilizadas algumas opções de canvas. Selecione a opção: Conteúdo e clique no botão Próximo.

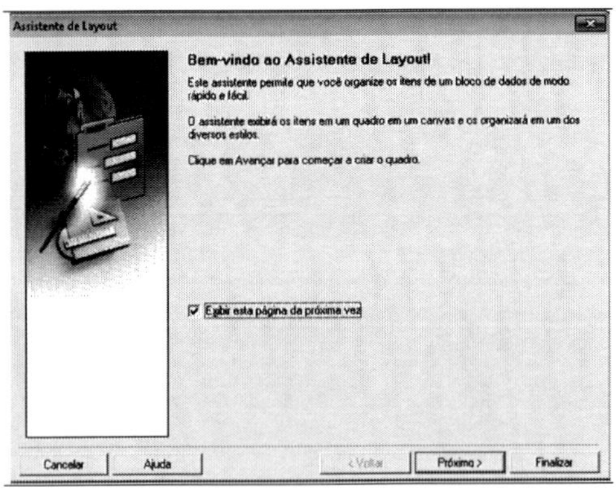

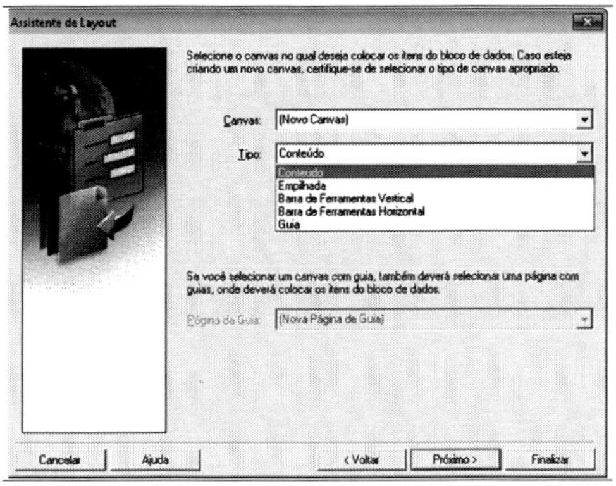

Será disponibilizada a tela de diálogo conforme figura a seguir , onde o Leitor deverá informar os campos da canvas UF , serão disponibilizados todos os campos da tabela UF. Selecione todos os campos da tabela UF e clique no botão (>>), os campos selecionados passarão para área Itens Exibidos . Em seguida clique no botão próximo.

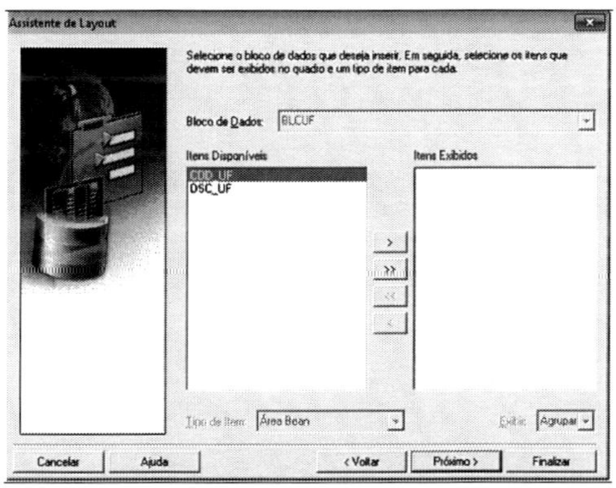

Será disponibilizada a tela de diálogo conforme figura a seguir, onde o Leitor deverá informar o conteúdo e dimensões dos label's. Em seguida clique no botão próximo.

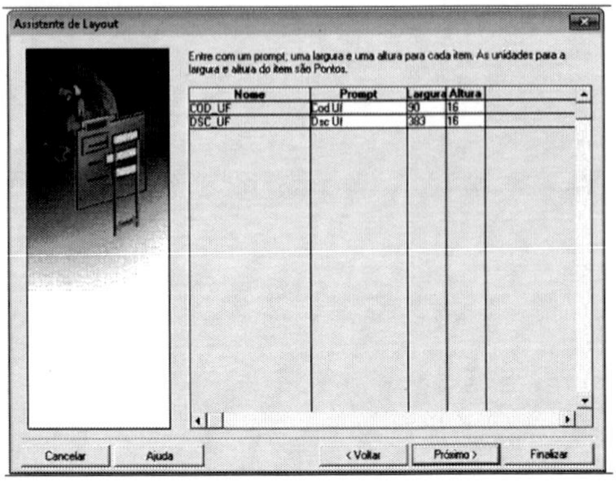

Será disponibilizada a tela de diálogo conforme figura a seguir, onde o Leitor deverá informar o titulo da canvas, neste caso "Cadastro de UF", quantidade de registros exibidos = 1. Em seguida clique no botão próximo.

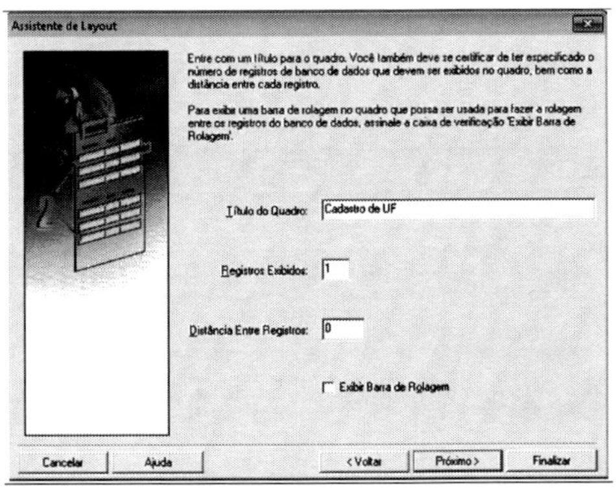

Será disponibilizada a tela de diálogo conforme figura a seguir. Informando que foi concluída a criação do canvas.

Editor de Layout

Acesse o menu da IDE e clique em Navegador Objeto. Será disponibilizada a tela de diálogo conforme figura a seguir. Clique na canvas e em seguida, Palete de Propriedade e altere a canvas para CANUF. Retorne o Navegador de Objetos. Selecione a canvas CANUF e em seguida clique com botão direito. Será disponibilizado um submenu conforme figura a seguir. Clique na opção Editor de Layout que é utilizado para editar a canvas e opcionalmente realizar as alterações que forem necessária ás nossas necessidades.

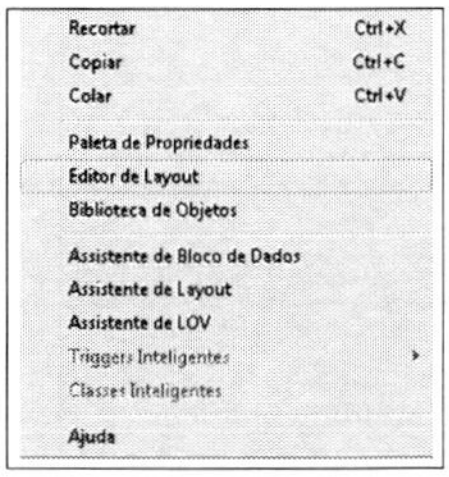

Será disponibilizada a tela de diálogo conforme figura a seguir. Com o layout definido durante a execução do assistente de canvas.

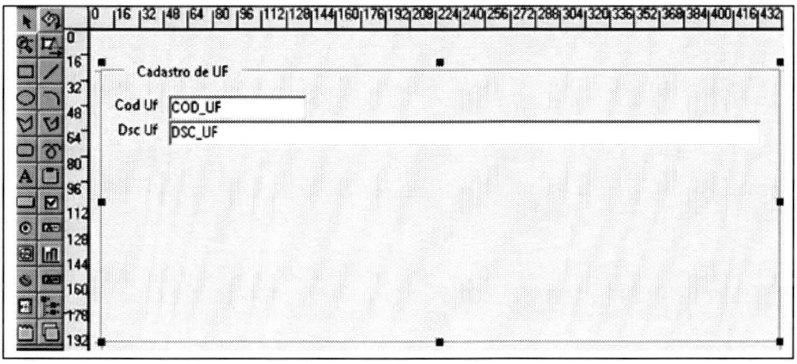

Do lado esquerdo, a IDE disponibiliza uma série de componentes que opcionalmente podemos utilizar em nossa canvas, conforme as nossas necessidades. Como por exemplo, podemos citar: Botões, Text, Label, Radio e passar o mouse em cima do componente, a IDE informa o nome do componente

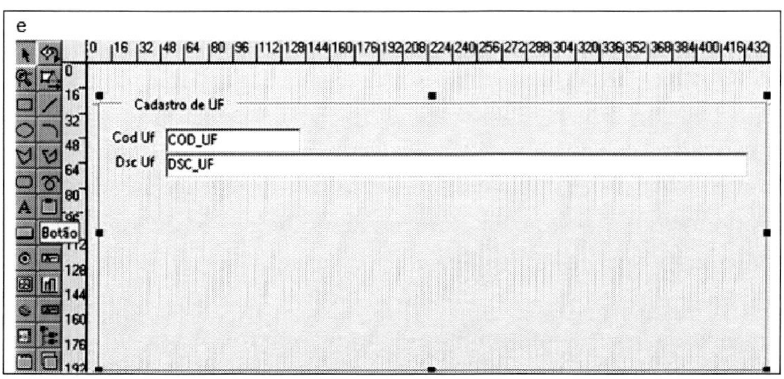

Inicialmente clique no retângulo, em seguida redimensione o retângulo, clique no componente botão e arraste para canvas CANUF e solte.

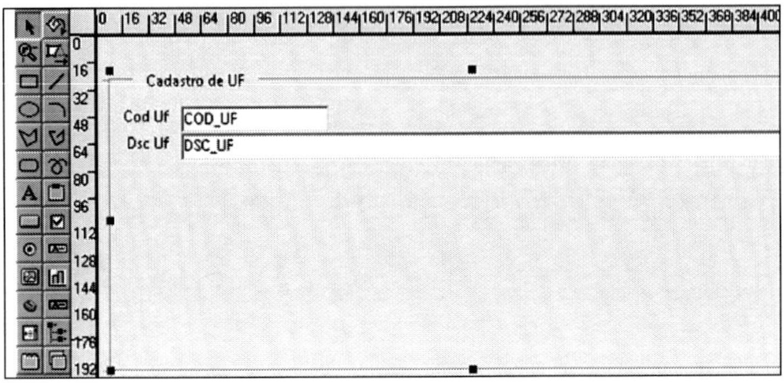

Iremos acrescentar 4 botões na CANUF. Em seguida clique com o botão direito. Selecione a opção Palete de Propriedade e configure a propriedade label com os valores Incluir, Alterar, Excluir e Consultar. Conforme figura a seguir.

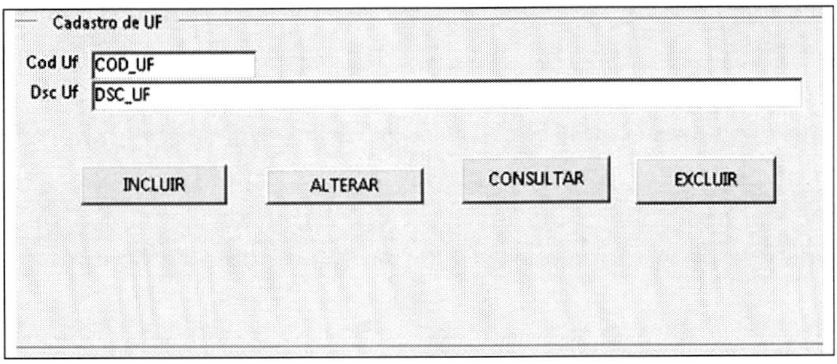

Codificando Trigger

Botão Incluir

Após concluir as alterações no Layout da canvas CANUF, iremos iniciar a codificação do formulário FRMUF. Retorne ao editor de layout da canvas CANUF. Selecione o botão Incluir, clique com botão direito e será disponibilizado um submenu. Selecione a opção Editor de PL/SQL e Será disponibilizada uma lista de trigger para o Leitor selecionar. Selecione sempre a trigger que irá atender as suas necessidades. Neste caso iremos selecionar WHEN-BUTTON-PRESSED. Conforme figura a seguir.

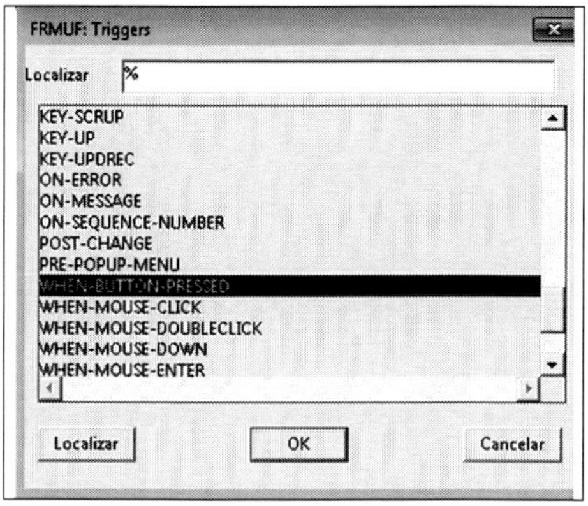

Será disponibilizada uma área para que o Leitor possa implementar o código que será executado quando o usuário clicar no botão Incluir. Iremos implementar o código a seguir.

```
BEGIN
    BEGIN
        select max(cod_uf)
        into :BLC_UF.COD_UF
        from uf;
        insert uf(cod_uf,dsc_uf)
        values (:BLC_UF.COD_UF,:BLC_UF.DSC_UF)    ;
    EXCEPTION
        WHEN OTHERS THEN
            message('Erro de Inclusão   :   ' || sqlerrm);
            clear_message;
    END;
END;
```

Botão Alterar

Selecione o botão Alterar, clique com botão direito e será disponibilizado um submenu. Selecione a opção Editor de PL/SQL e será disponibilizada uma lista de trigger para o Leitor selecionar. Selecione a trigger WHEN-BUTTON-PRESSED.

Será disponibilizada a área para que o Leitor possa implementar o código que será executado quando o usuário clicar no botão Alterar. Iremos implementar o código a seguir.

```
BEGIN
    BEGIN
        update uf
        set dsc_uf  dsc
        where  BLC_UF.COD_UF  = :BLC_UF.COD_UF;
    EXCEPTION
        WHEN OTHERS THEN
            message('Erro de Alteração :   '  || sqlerrm);
            clear_message;
    END;
 END;
Botão Excluir
```

Selecione o botão Excluir, clique com botão direito e será disponibilizado um submenu. Selecione a opção Editor de PL/SQL e Será disponibilizada uma lista de trigger para o Leitor selecionar. Selecione a trigger WHEN-BUTTON-PRESSED.

Será disponibilizada a área para que o Leitor possa implementar o código que será executado quando o usuário clicar no botão Excluir. Iremos implementar o código a seguir.

```
BEGIN
    BEGIN
        Delete  uf where  BLC_UF.COD_UF  = :BLC_UF.COD_UF;
    EXCEPTION
        WHEN OTHERS THEN
            message('Erro de  Exclusão  :  '  || sqlerrm);
            clear_message;
    END;
 END;
```

```
Botão Consultar
```

Selecione o botão Consultar, clique com o botão direito, será disponibilizado um submenu, selecione a opção Editor de PL/SQL e será disponibilizada uma lista de trigger para o Leitor selecionar. Selecione a trigger WHEN-BUTTON-PRESSED.

Será disponibilizada a área para que o Leitor possa implementar o código que será executado quando o usuário clicar no botão Consultar. Iremos implementar o código a seguir.

```
BEGIN
    BEGIN
        Select  dsc_uf
        Into :BLC_UF.DSC_UF
        where  BLC_UF.COD_UF  = :BLC_UF.COD_UF;
    EXCEPTION
        WHEN OTHERS THEN
        message('Erro  na Consulta :  '  || sqlerrm);
        clear_message;
    END;
END;
```

Compilar

Dessa forma concluímos a implementação. Agora é preciso compilar. Para isso, clique no menu principal da IDE na opção Programar\Compilar PLSQL\Tudo. Conforme figura a seguir.

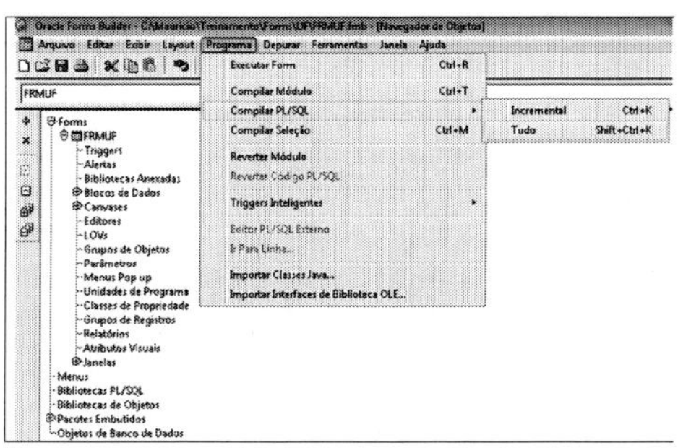

Se a compilação terminar com sucesso, será disponibilizada a tela de diálogo, conforme figura a seguir.

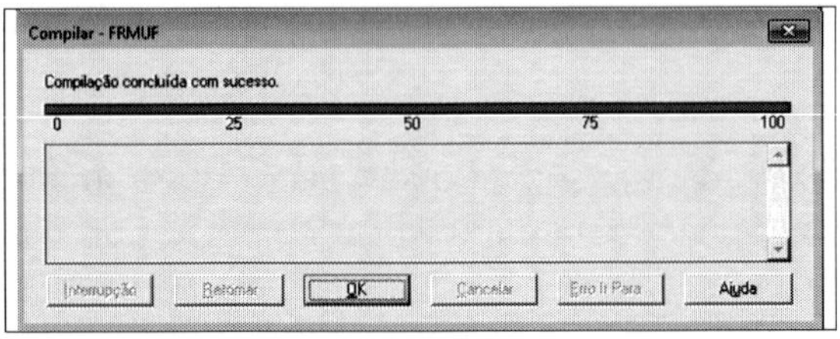

Se a compilação não terminar com sucesso, será disponibilizada tela de diálogo conforme figura a seguir. Ao clicar no botão Erro ir para, a IDE conduzirá o Leitor para o local onde está ocorrendo o problema.

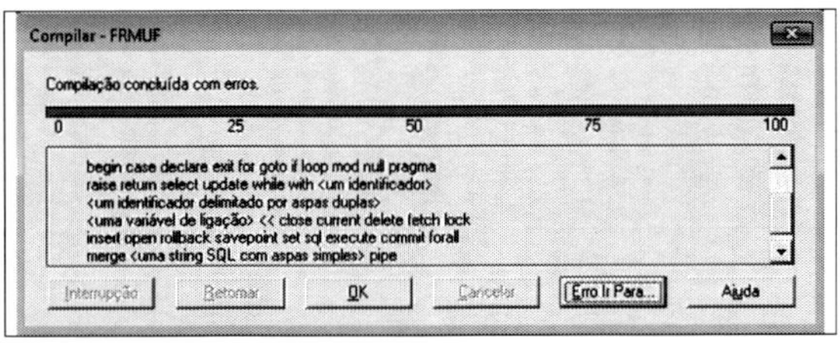

Neste caso a IDE conduziu-me para o trigger do botão Incluir. Pois eu tinha esquecido de codificar este botão.

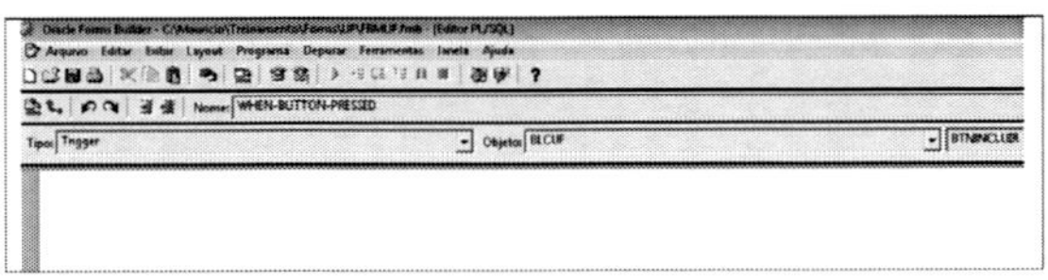

Cadastro de Município

Nosso desafio é implementar um formulário de Cadastro de Cliente. Conforme layout da figura a seguir.

O Cadastro de Município é composto por:

1. Bloco de Dados da Tabela do Município.

2. Canvas

3. Uma LOV de UF (Unidade Federativa).
4. Codificar Trigger.
Criando Formulário FRMMUNICÍPIO

Selecione o Formulário criado, e em seguida clique com o botão direito. Será disponibilizado um SUBMENU, clique na opção Paleta de Propriedade ,que é utilizada para configurar as propriedades do Formulário. Na propriedade Nome atribua o valor FRMMUN. Retorne ao Navegador de Objeto.

Criando Bloco de Dados

Selecione o objeto Bloco de Dados e em seguida cliquqno ícone (+) no canto superior esquerdo da IDE. Será disponibilizado uma tela de diálogo, conforme figura a seguir. Marque a opção: "Usar o Assistente do Bloco de Dados" e em seguida clique no botão OK.

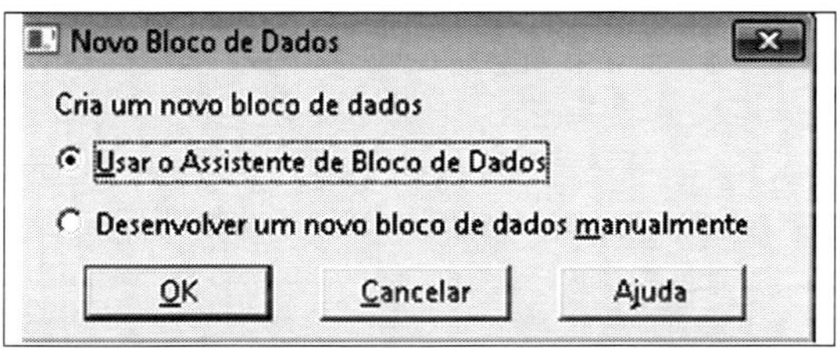

Será disponibilizada a tela de diálogo, conforme figura a seguir ,iniciando o Assistente de Banco de Dados, em seguida clique no botão Próximo.

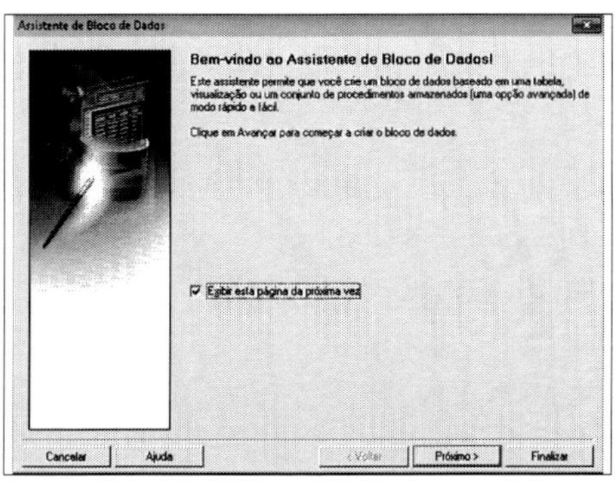

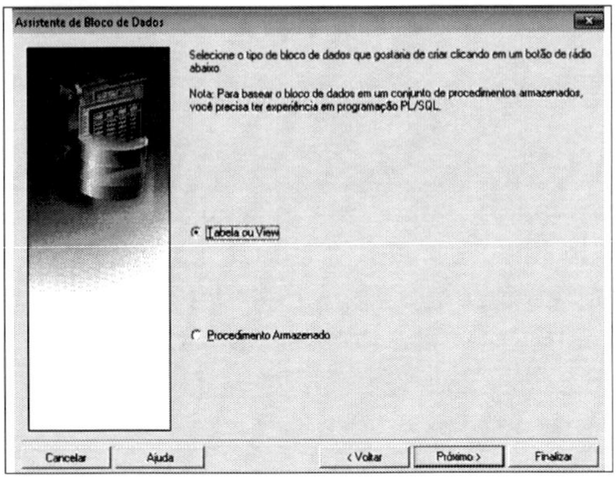

Será disponibilizada a tela de diálogo, conforme figura a seguir, onde o Leitor deverá informar a tabela, neste caso MUNICÍPIO, em seguida clique no botão Procurar. Serão disponibilizados todos os campos da tabela MUNICÍPIO. Caso o Leitor não esteja conectado ao banco de dados serão solicitados os dados para conexão. Selecione todos os campos da tabela MUNICÍPIO e clique no botão (>>) os campos selecionados passarão para área itens do banco de dados. Em seguida clique no botão próximo.

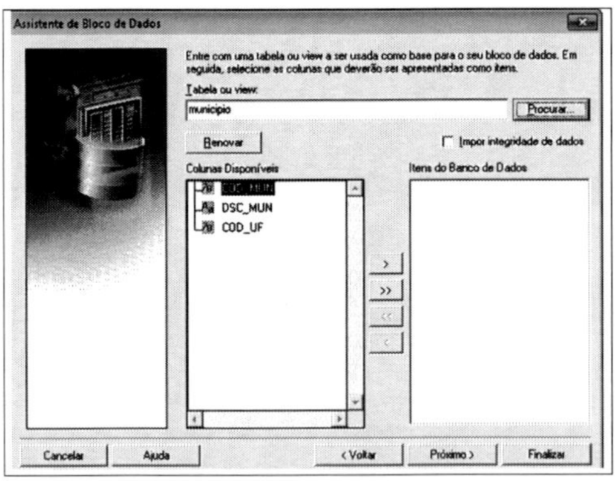

Será disponibilizada a tela de diálogo, conforme figura a seguir, onde o Leitor deve informar o nome do Bloco de Dados: BLC_MUNICÍPIO. Em seguida clique no botão Próximo.

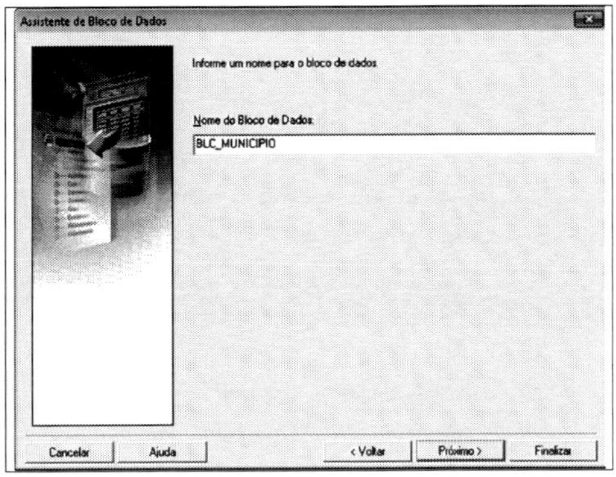

Será disponibilizada a tela de diálogo, conforme figura a seguir ,informando que foi concluída a criação do Bloco de Dados. Clique na opção Apenas que cria o bloco de dados e em seguida no botão Finalizar.

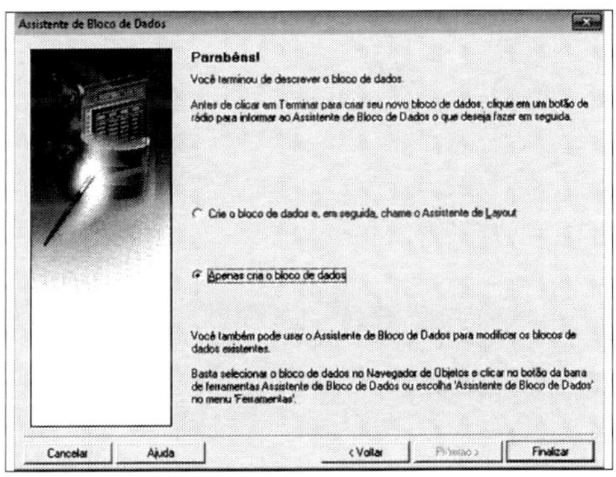

Adicionando campos

Retorne ao Navegador Objeto. Será disponibilizada a tela de diálogo. Selecione o Bloco de Dados BLC_MUNICÍPIO, Selecione Itens e clique no ícone(+) no canto superior esquerdo da IDE. Será acrescentado Mas um campo ao Bloco de Dados BLC_MUNICÍPIO.

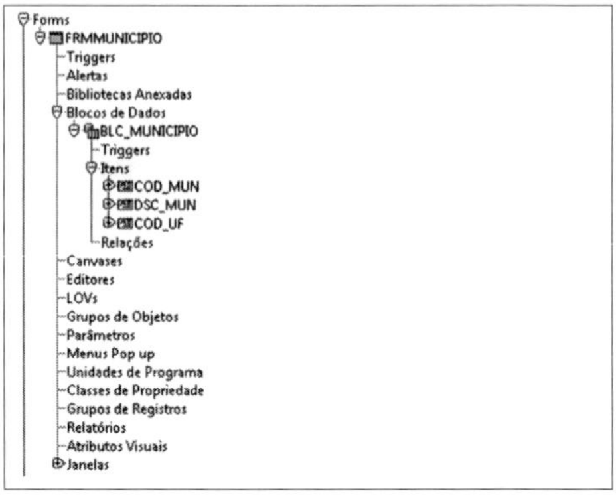

Selecione o campo acrescentado, cique com botão direito e será disponibilizado um SUBMENU. Clique na opção Palete de Propriedade e configure a propriedade nome com o valor DSC_UF.

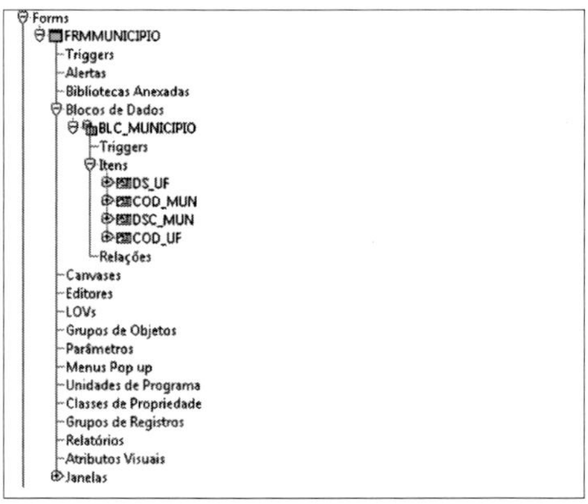

Criando Canvas

Será disponibilizada a tela de diálogo, conforme figura a seguir, disponibilizando assistente de canvas, onde o Leitor dará inicio a criação das canvas Cliente. Na opção Tipo serão disponibilizadas algumas opções de canvas. Selecione a opção: Conteúdo. Em seguida clique no botão próximo.

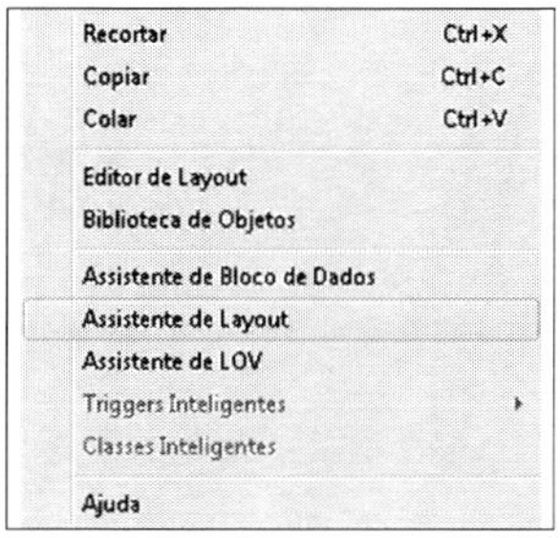

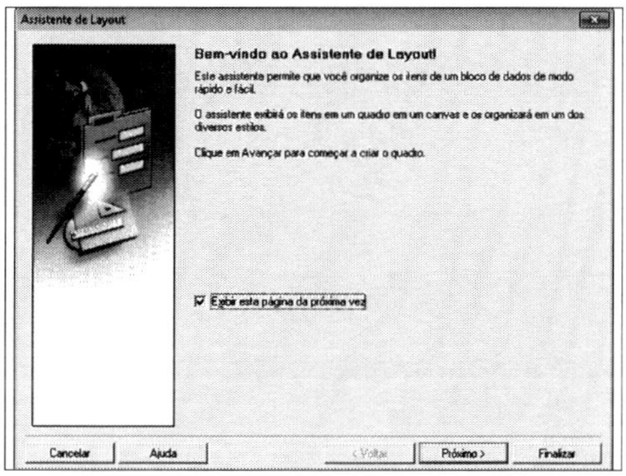

Será disponibilizada a tela de diálogo, conforme figura a seguir, onde o Leitor deverá informar os campos da canvas MUNICÍPIO, serão disponibilizados todos os campos da tabela MUNICÍPIO. Selecione todos os campos da tabela MUNICÍPIO clique no botão (>>) os campos selecionados passarão para área Itens Exibidos. **E**m seguida clique no botão próximo.

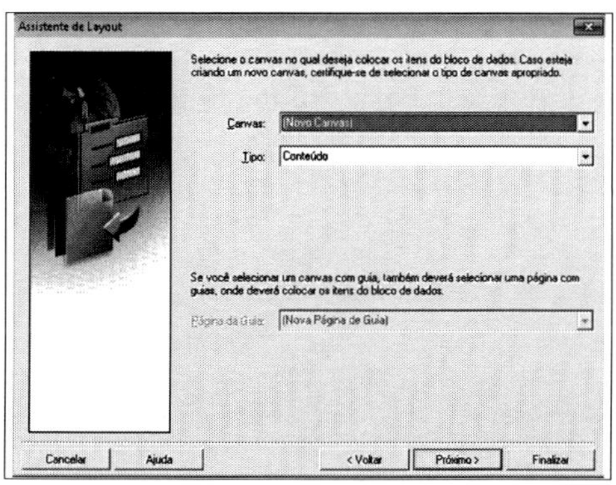

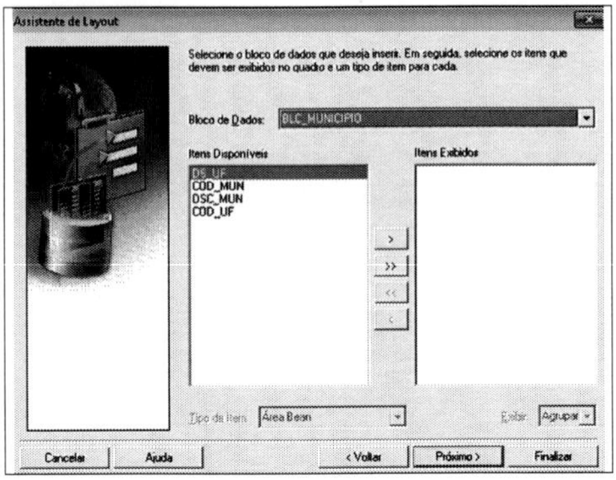

Será disponibilizada a tela de diálogo, conforme figura a seguir, onde o Leitor deverá informar o conteúdo e dimensões dos label's. Em seguida clique no botão próximo.

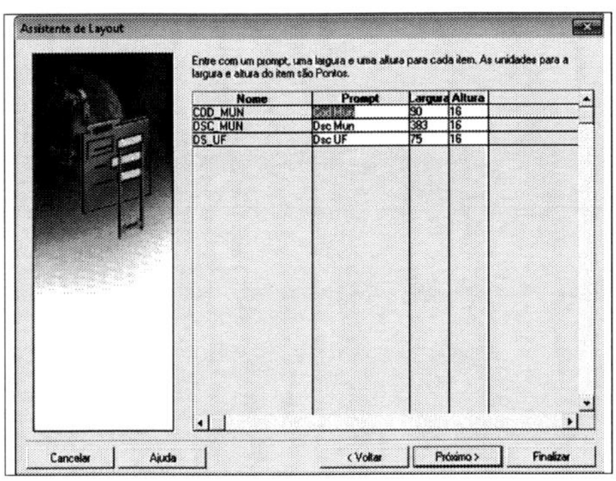

Será disponibilizada a tela de diálogo, conforme figura a seguir, onde o leitor deverá informar o título da canvas, neste caso "Cadastro de MUNICÍPIO ", quantidade de registros exibidos = 1. Em seguida clique no botão próximo.

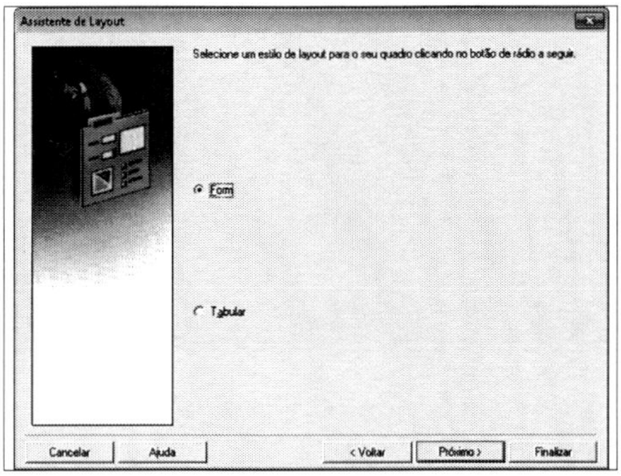

Será disponibilizada a tela de diálogo, conforme figura a seguir, informando que foi concluída a criação do canvas.

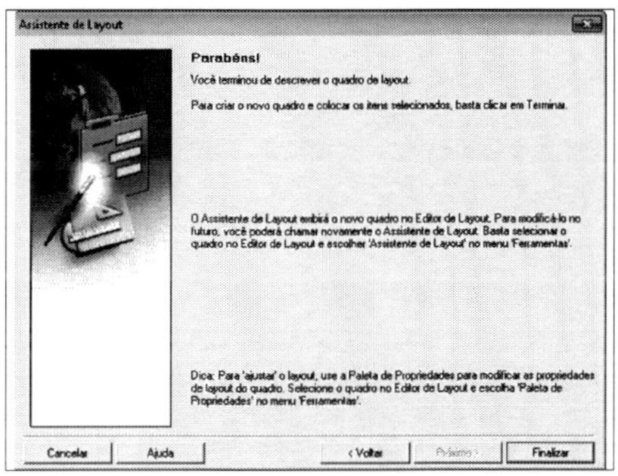

Retorne ao Navegador Objeto. Será disponibilizada a tela de diálogo. Clique na canvas e em seguida clique com o botão direito e será disponibilizado um submenu, Clique na opção Palete de Propriedade e configure a propriedade nome com o valor CANMUNICÍPIO.

Editor de Layout

Retorne novamente ao Navegador de Objetos, selecione a canvas CANMUNICÍPIO em seguida clique com o botão direito. Será disponibilizado um submenu, conforme figura a seguir. Clique na opção Editor de Layout , que é utilizado para editar a canvas e opcionalmente realizar as alterações que forem necessárias às nossas necessidades.

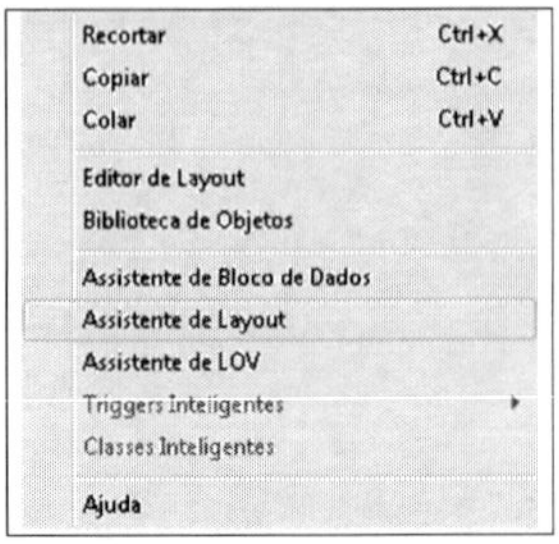

Será disponibilizada a tela de diálogo, conforme figura a seguir, com o layout definido durante a execução do assistente de canvas.

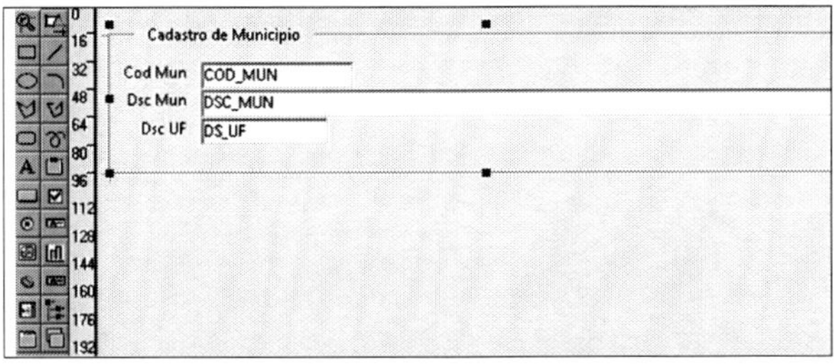

Do lado esquerdo, a IDE disponibiliza uma série de componentes que opcionalmente podemos utilizar em nossa canvas conforme às nossas necessidades. Como por exemplo: Botões, Text, Label, Radio e ao passar o mouse em cima do componente, a IDE informa o nome desse componente.

Inicialmente clique no retângulo, em seguida redimensione o retângulo, clique no componente botão e arraste para Canavas CANMUNICÍPIO e solte.

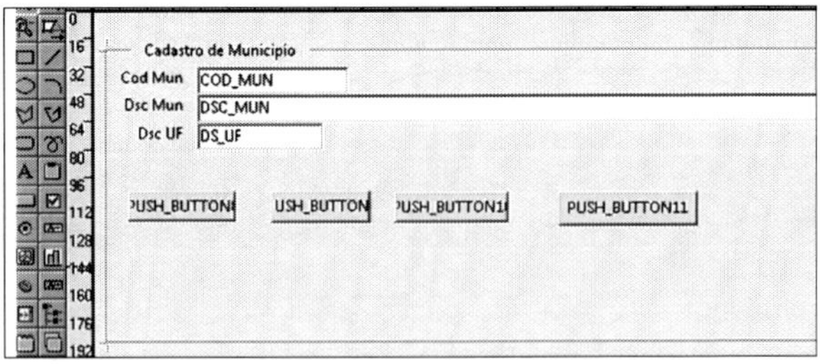

Acrescente 4 botões na CANMUNICÍPIO, em seguida clique no botão com botão direito, selecione a opção Palete de Propriedade e configure a propriedade label com os valores Incluir, Alterar, Excluir e Consultar. Conforme figura a seguir.

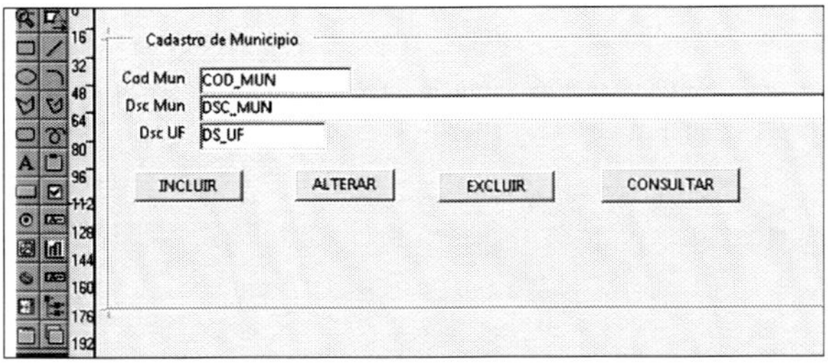

Codificando Trigger

Botão Incluir

Após concluir as alterações no Layout da canvas CANMUNICÍPIO, iremos iniciar a codificação do formulário FRMMUNICÍPIO. Retorne ao editor de layout da canvas CANUF. Selecione o botão Incluir, clique com o botão direito e será disponibilizado um submenu. Selecione a opção Editor de PL/SQL e será disponibilizada uma lista de trigger para o Leitor selecionar. Selecione sempre a trigger que irá atender às suas necessidades. Neste caso iremos selecionar WHEN-BUTTON-PRESSED. Conforme figura a seguir.

Será disponibilizada uma área para que o Leitor possa implementar o código que será executado quando o usuário clicar no botão Incluir. Iremos implementar o código a seguir.

```
BEGIN
        BEGIN
            select max(cod_mun)
            into :BLC_MUN.COD_MUN
            from Municipio;
            insert Município(cod_mun,dsc_mun)
            values (:BLC_MUN.COD_MUN,:BLC_UF.DSC_MUN)   ;
        EXCEPTION
            WHEN OTHERS THEN
                message('Erro de Inclusão  :  ' || sqlerrm);
                clear_message;
        END;
    END;
  Botão Alterar
```

Selecione o botão Alterar, clique com o botão direito e será disponibilizado um submenu. Selecione a opção Editor de PL/SQL e será disponibilizada uma lista de trigger para o Leitor selecionar. Selecione a trigger WHEN-BUTTON--PRESSED.

Será disponibilizada a área para que o Leitor possa implementar o código que será executado quando o usuário clicar no botão Alterar. Iremos implementar o código a seguir. >

```
BEGIN
    BEGIN
        update Municipio
        set dsc_mun  = :BLC_MUN.DSC_MUN
        where  BLC_MUN.COD_MUN  = :BLC_MUN.COD_MUN;
    EXCEPTION
        WHEN OTHERS THEN
            message('Erro de Alteração :   '  || sqlerrm);
            clear_message;
    END;
END;
```

Botão Excluir

Selecione o botão Excluir, clique com botão direito e será disponibilizado um submenu. Selecione a opção Editor de PL/SQL e será disponibilizada uma lista de trigger para o Leitor selecionar. Selecione a trigger WHEN-BUTTON--PRESSED.

Será disponibilizada a área para que o Leitor possa implementar o código que será executado quando o usuário clicar no botão Excluir. Iremos implementar o código a seguir.

```
BEGIN
    BEGIN
        Delete  Municipio  where  BLC_MUN.COD_MUN  = :BLC_MUN.COD_MUN;
    EXCEPTION
        WHEN OTHERS THEN
            message('Erro de  Exclusão  :  '  || sqlerrm);
            clear_message;
```

```
            END;
        END;
    Botão Consultar
```

Selecione o botão Consultar, clique com o botão direito, será disponibilizado um submenu . Selecione a opção Editor de PL/SQL e será disponibilizada uma lista de trigger para o Leitor selecionar. Selecione a trigger WHEN-BUTTON-PRESSED.

Será disponibilizada a área, para que o Leitor possa implementar o código que será executado quando o usuário clicar no botão Consultar. Iremos implementar o código a seguir.

```
        BEGIN
            BEGIN
                Select  dsc_mun
                Into :BLC_MUN.DSC_MUN
               From Municipio
                where  BLC_MUN.COD_MUN  = :BLC_MUN.COD_MUN;
            EXCEPTION
                WHEN OTHERS THEN
                    message('Erro  na Consulta :  '  || sqlerrm);
                    clear_message;
            END;
        END;
    Criando  LOV UF
```

Selecione o objeto LOV e em seguida clique no ícone (+) no canto superior esquerdo da IDE. Será disponibilizada uma tela de diálogo, conforme figura a seguir. Marque a opção: "Usar o Assistente de LOV" e em seguida clique no botão OK.

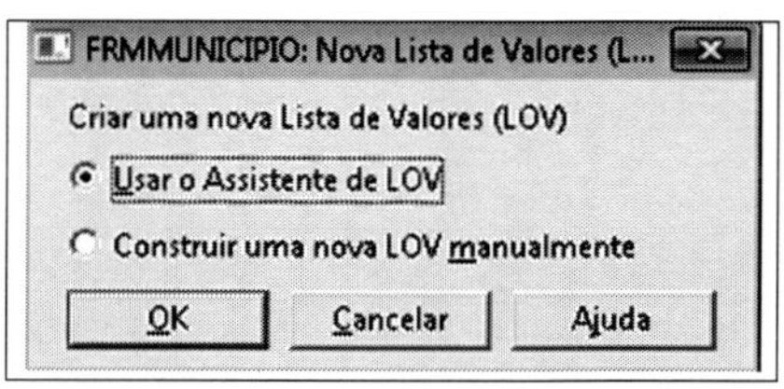

Será disponibilizada a tela de diálogo, conforme figura a seguir, onde o Leitor deverá informar um objeto Grupo de Registro. Neste caso o Leitor deverá informar a opção "Novo Grupo de Registro baseado em consulta". Em seguida clique no botão próximo.

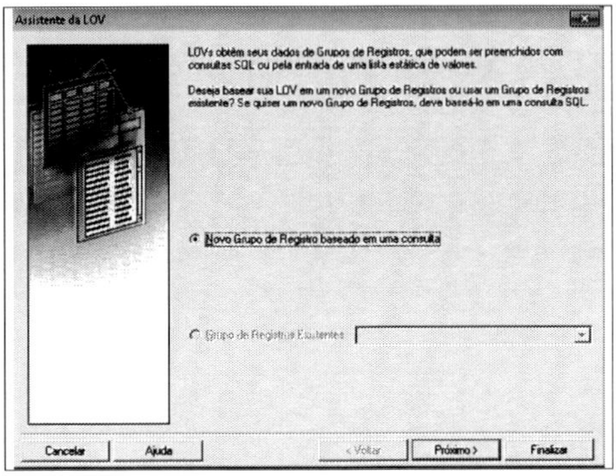

Será disponibilizada a tela de diálogo, conforme figura a seguir. Conforme vimos nos capítulos anteriores, Grupo de Registro é onde fica armazenado o select da LOV.

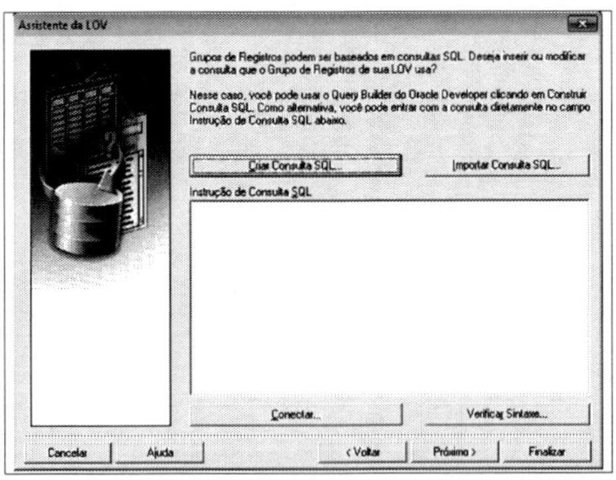

O Leitor deverá informar o select ou importá-lo de alguma pasta e em seguida clique no botão Conectar se não tiver conectado ao banco de dados é preciso fazer a conexão.

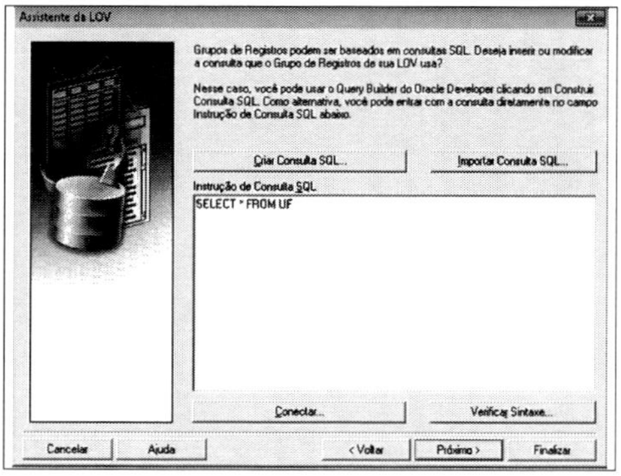

Estando conectado ao banco de dados, clique no botão Verificar Sintaxe e caso haja erro de sintaxe, a IDE irá identificar o erro. Não tendo erro de sintaxe, clique no botão Próximo.

Será disponibilizada a tela de diálogo, conforme figura a seguir. O leitor deverá selecionar os campos que irão compor a LOV. Clique no botão (>>) os campos selecionados passarão para área Colunas da LOV . Em seguida clique no botão próximo.

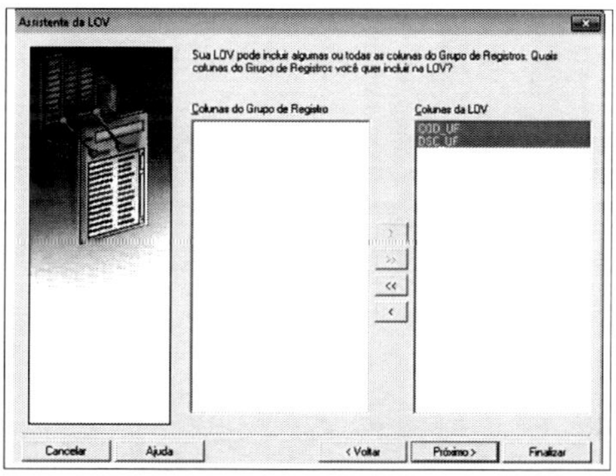

Será disponibilizada a tela de diálogo, conforme figura a seguir . A IDE disponibiliza valores default para label e Dimensões das label. Opcionalmente, o Leitor poderá alterar estes valores. Em seguida clique no botão próximo.

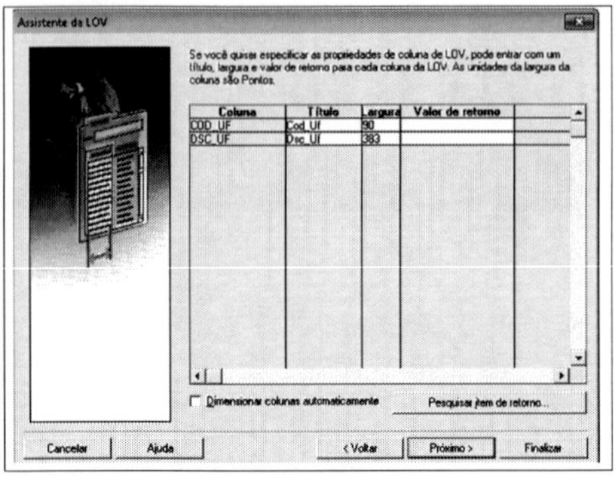

Será disponibilizada a tela de diálogo, conforme figura a seguir. O leitor deverá informar um título, neste caso, Lista de UF e a IDE disponibiliza valores default para as dimensões da tela da LOV que será disponibilizada durante a execução do formulário. Opcionalmente, o Leitor poderá alterar estes valores. Em seguida clique no botão próximo.

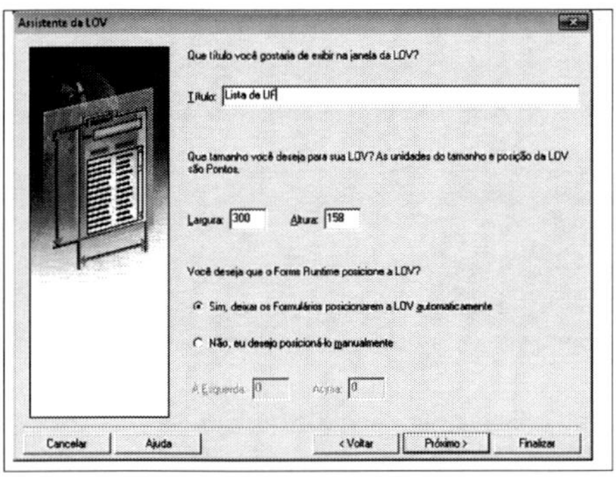

Será disponibilizada a tela de diálogo, conforme figura a seguir. O leitor deverá informar a quantidade de registro que será disponibilizada, opcionalmente informa 10. Em seguida clique no botão próximo.

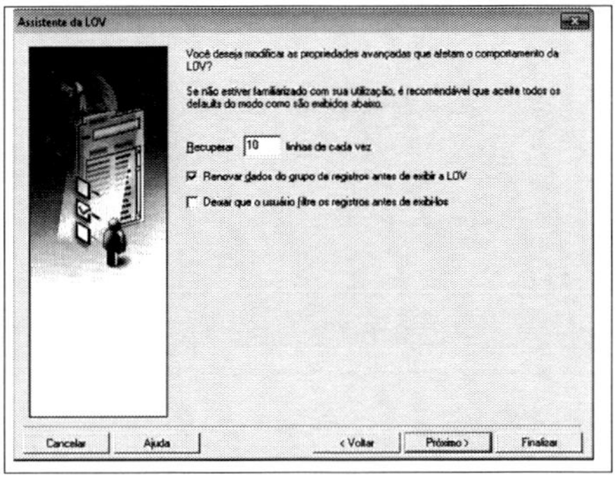

Mapeamento de Coluna

A LOV foi concluída mas ainda falta um detalhe para a LOV funcionar. Retorne ao Navegador Objeto e clique na LOV e na Paleta de Propriedade, na propriedade nome informe LOVUF, em seguida clique na "Propriedade de Mapeamento de Coluna".

Será disponibilizada a tela de diálogo, conforme figura a seguir. O leitor deverá selecionar o campo COD_UF. Em seguida clique no botão Procurar.

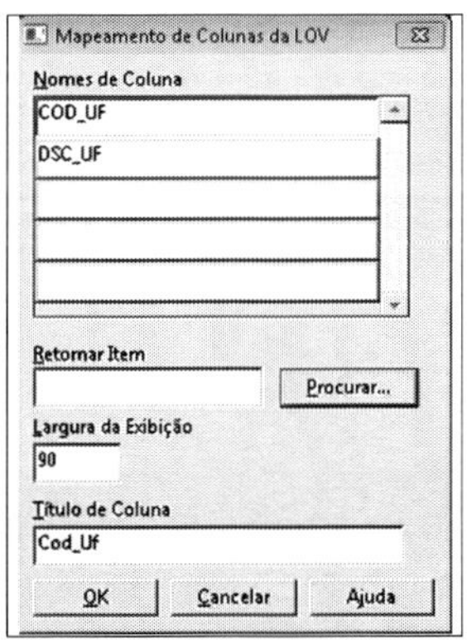

Será disponibilizada a tela de diálogo, conforme figura a seguir. O Leitor deverá selecionar o campo COD_UF e em seguida o Bloco de Dados destino BLC_MUNICÍPIO e o campo destino BLC_MUNICÍPIO.COD_UF . Em seguida clique no botão OK.

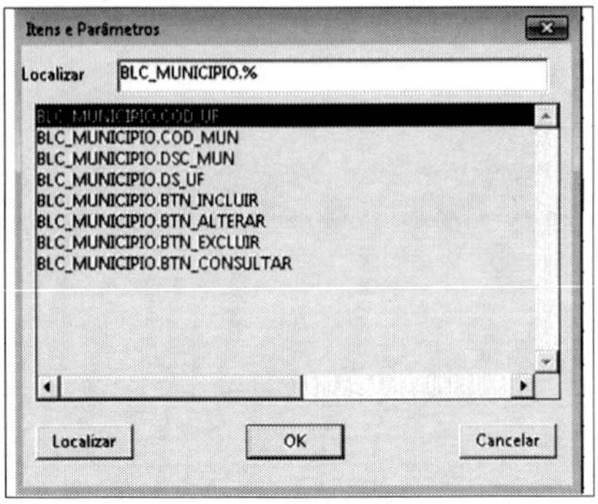

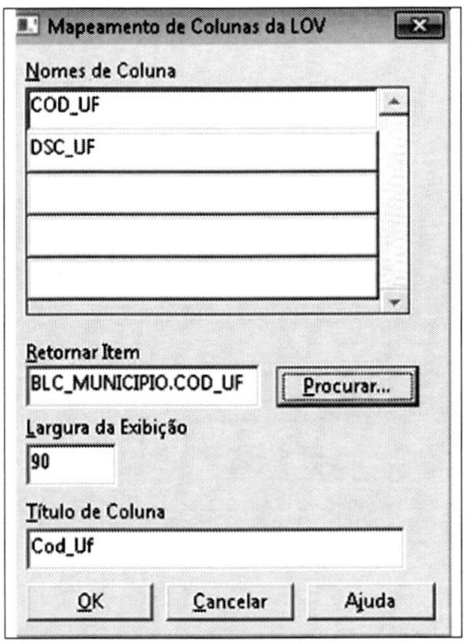

O Leitor deverá selecionar o campo DSC_UF e em seguida o bloco de dados destino BLC_MUNICÍPIO e o campo destino BLC_MUNICÍPIO.DSC_UF . Em seguida clique no botão OK.

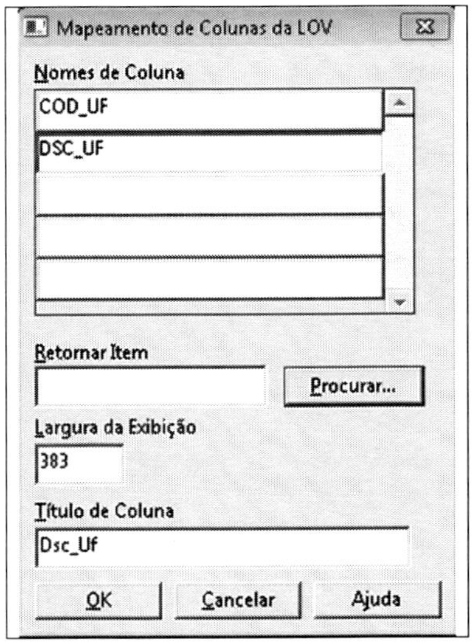

Retorne ao Navegador Objeto, selecione o Bloco de Dados BLC_MUNICÍPIO, selecione o item DSC_UF, clique com o botão direito, será disponibilizado um submenu, selecione a opção Paleta de Propriedade. Na propriedade Lista de Valores serão listadas as Lov´S implementadas no FRMMUNICÍPIO, selecione a LOVUF. Sempre que, em tempo de execução, o campo DSC_UF receber o foco, o FRMMUNICÍPIO irá disponibilizar uma Lista de UF para que o usuário possa selecionar. Após a seleção, o cod_uf da UF selecionado será atribuído ao item :BLC_CLINTE.COD_MUN.

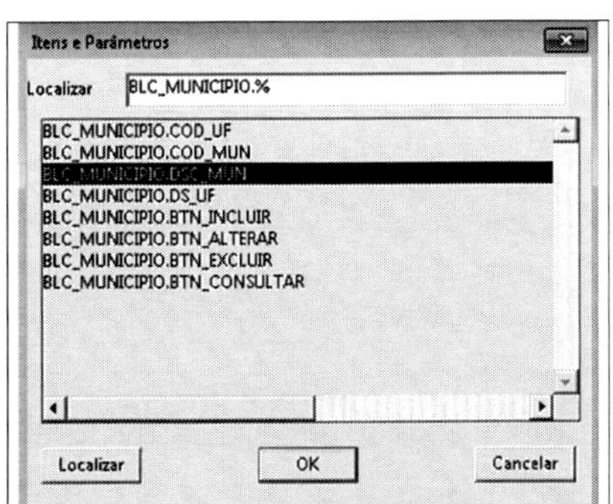

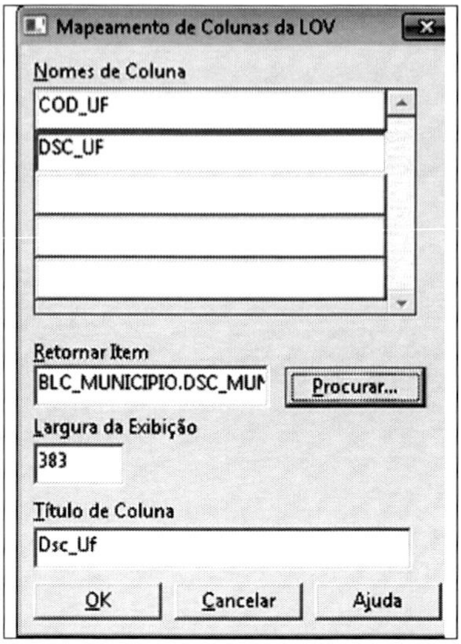

Compilar

Dessa forma concluímos a implementação. Agora é preciso compilar. Para isso, clique no menu principal da IDE na opção Programar\Compilar PLSQL\ Tudo. Conforme figura a seguir.

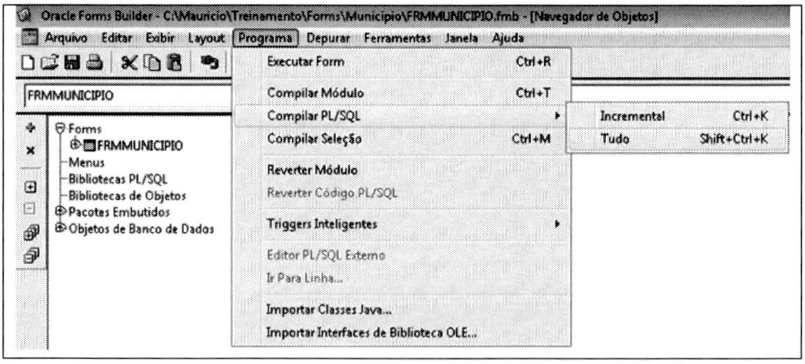

Se a compilação terminar com sucesso, será disponibilizada a tela de diálogo, conforme figura a seguir.

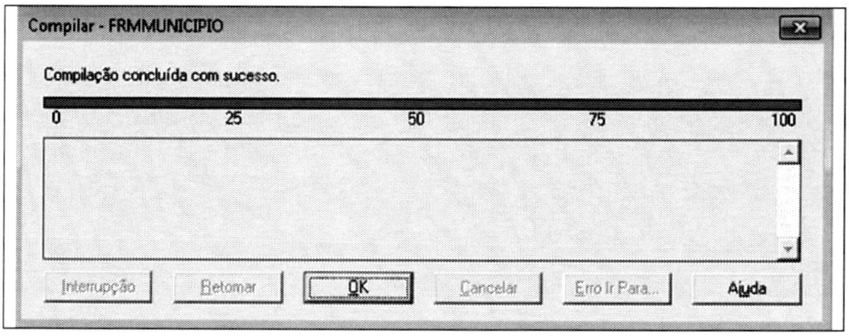

Cadastro de Cliente

Nosso desafio é implementar um formulário de cadastro de cliente, conforme layout da figura a seguir.

O cadastro de cliente é composto por:

1. **Bloco de Dados da Tabela do Município.**
2. **Canvas.**
3. **Uma LOV de UF(Unidade Federativa).**
4. **Uma LOV de Municípioli>**
5. **Codificar Trigger.**

Criando Formulário FRMCLIENTE

Selecione o Formulário criado, e em seguida clique com o botão direito. Será disponibilizado um submenu, clique na opção Paleta de Propriedade, que é utilizada para configurar as propriedades do Formulário. Na propriedade Nome atribua o valor FRMCLIENTE. Retorne ao Navegador de Objeto.

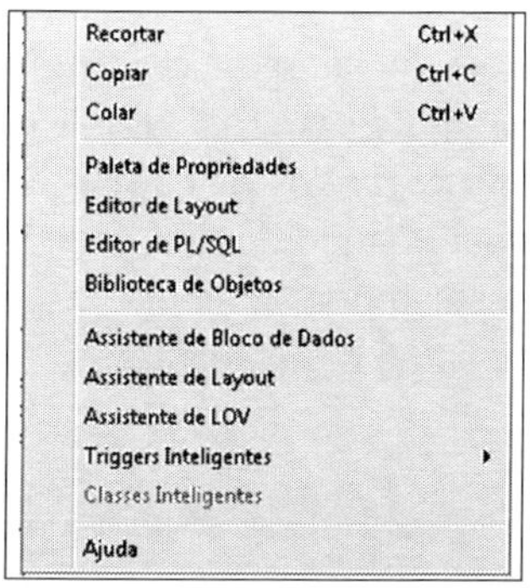

Criando Bloco de Dados

Selecione o objeto Bloco de Dados e em seguida clique no ícone (+) no canto superior esquerdo da IDE. Será disponibilizada uma tela de diálogo, conforme figura a seguir. Marque a opção: "Usar o Assistente do Bloco de Dados" e em seguida clique no botão OK.

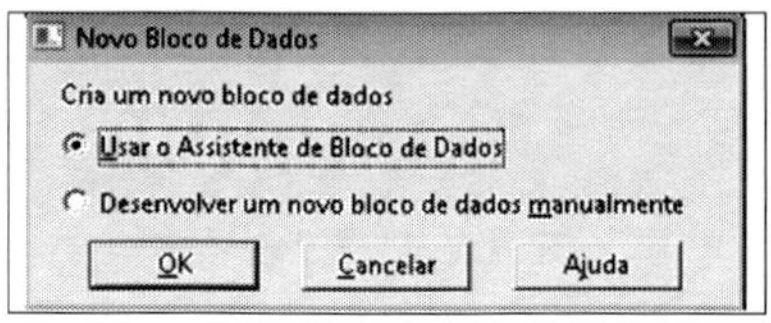

Será disponibilizada a tela de diálogo, conforme figura a seguir, iniciando o Assistente de Banco de Dados. Em seguida clique no botão próximo.

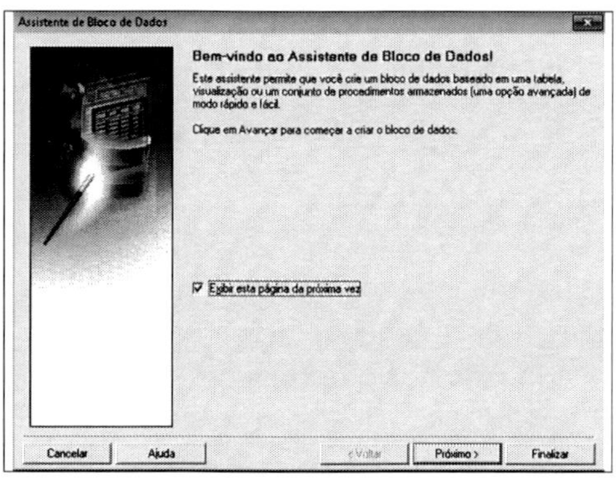

Será disponibilizada a tela de diálogo, conforme figura a seguir, onde o Leitor deverá informar a tabela, neste caso CLIENTE. E em seguida clique no botão Procurar. Serão disponibilizados todos os campos da tabela CLIENTE. Caso o Leitor não esteja conectado ao banco de dados serão solicitados os dados para conexão. Selecione todos os campos da tabela CLIENTE e clique no botão (>>) os campos selecionados passarão para área itens do banco de dados. Em seguida clique no botão próximo.

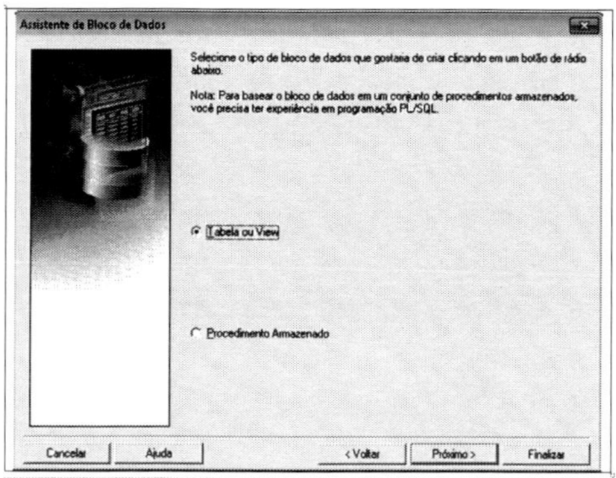

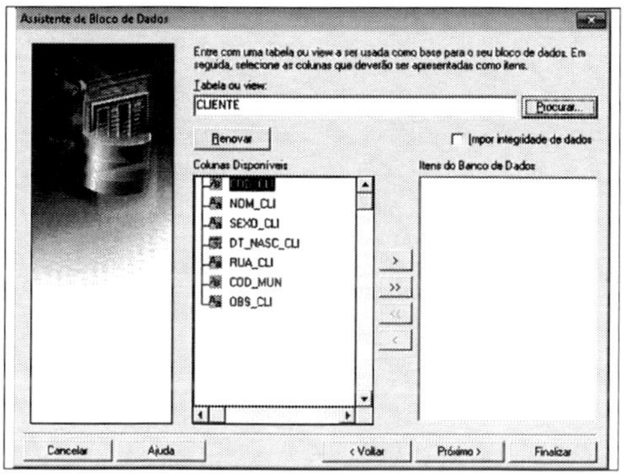

Será disponibilizada a tela de diálogo, conforme figura a seguir, onde o Leitor deverá informar o nome do Bloco de Dados: BLC_CLIENTE . Em seguida clique no botão próximo.

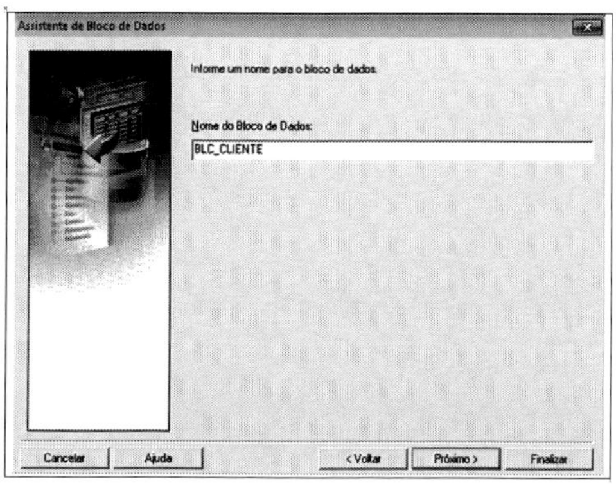

Será disponibilizada a tela de diálogo, conforme figura a seguir, informando que foi concluída a criação do Bloco de Dados. Clique na opção "Apenas cria o bloco de dados" e em seguida no botão finalizar.

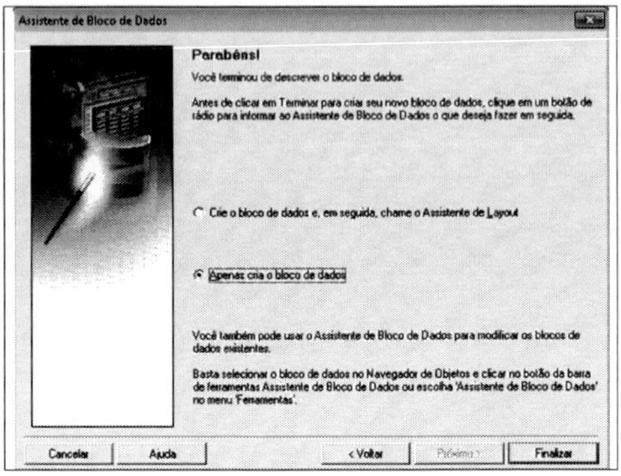

Adicionando campos

Retorne ao Navegador Objeto. Será disponibilizada a tela de diálogo, conforme figura a seguir. Clique na canvas e em seguida clique com o botão direito e será disponibilizado um submenu. Clique na opção Palete de Propriedade e configure a propriedade nome o valor CANCLIENTE.

Retorne ao Navegador Objeto. Será disponibilizada a tela de diálogo, selecione o Bloco de Dados BLC_CLIENTE, Selecione Itens e clique no ícone(+) no canto superior esquerdo da IDE, será acrescentado Mas um campo ao Bloco de Dados BLC_CLIENTE.

Selecione o campo acrescentado, clique com o botão direito e será disponibilizado um SUBMENU. Clique na opção Palete de Propriedade e configure a propriedade nome com o valor COD_UF.

Retorne ao Navegador Objeto. Será disponibilizada a tela de diálogo, selecione o Bloco de Dados BLC_CLIENTE, Selecione Itens e clique no ícone(+) no canto superior esquerdo da IDE. Será acrescentado Mas um campo ao Bloco de Dados BLC_CLIENTE.

Selecione o campo acrescentado, clique com o botão direito e será disponibilizado um SUBMENU. Clique na opção Palete de Propriedade e configure a propriedade nome com o valor DSC_UF.

Retorne ao Navegador Objeto. Será disponibilizada a tela de diálogo, selecione o Bloco de Dados BLC_CLIENTE, Selecione Itens e clique no ícone(+) no canto superior esquerdo da IDE. Será acrescentado Mas um campo ao Bloco de Dados BLC_CLIENTE.

Selecione o campo acrescentado, clique com o botão direito e será disponibilizado um SUBMENU. Clique na opção Palete de Propriedade e configure a propriedade nome com o valor DSC_MUN.

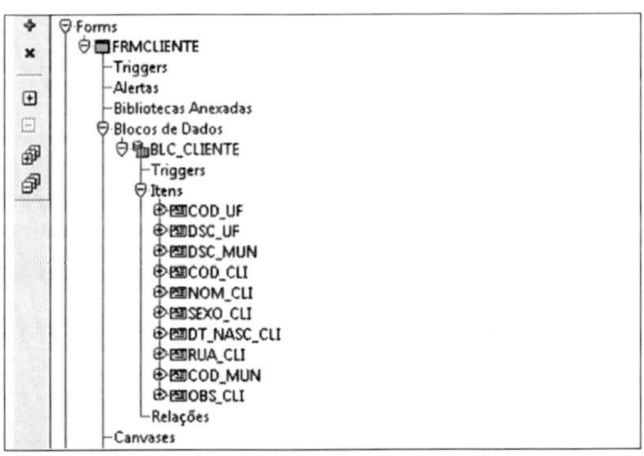

Criando Canvas

Será disponibilizada a tela de diálogo, conforme figura a seguir, disponibilizando assistente de canvas, onde o Leitor dará início à criação das canvas Cliente. Na opção Tipo serão disponibilizadas algumas opções de canvas. Selecione a opção: Conteúdo, em seguida cliqueno botão próximo.

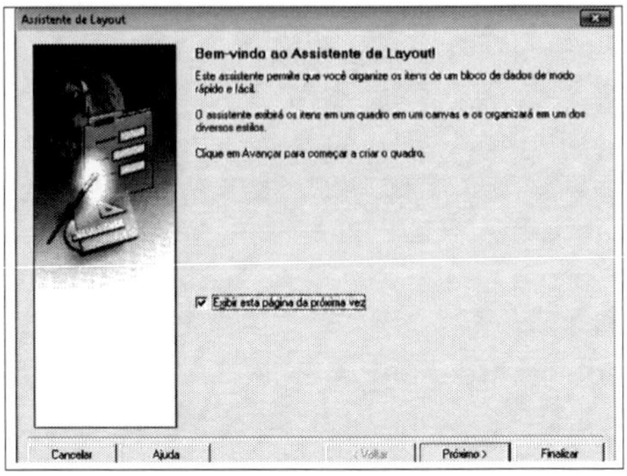

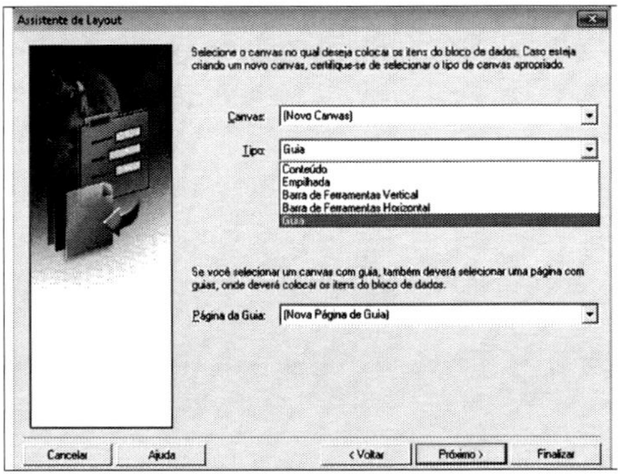

Será disponibilizada a tela de diálogo, conforme figura a seguir, onde o Leitor deverá informar os campos da canvas CLIENTE, serão disponibilizados todos os campos da tabela CLIENTE. Selecione todos os campos da tabela CLIENTE, clique no botão (>>) os campos selecionados passarão para área Itens Exibidos. Em seguida clique no botão próximo.

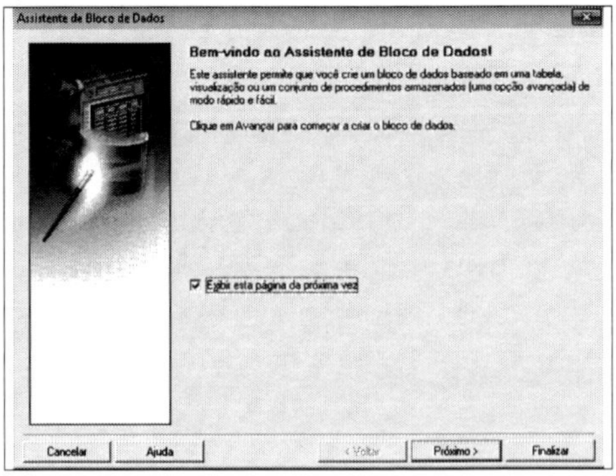

Será disponibilizada a tela de diálogo, conforme figura a seguir, onde o Leitor deverá informar o conteúdo e dimensões dos label's. Em seguida clique no botão próximo.

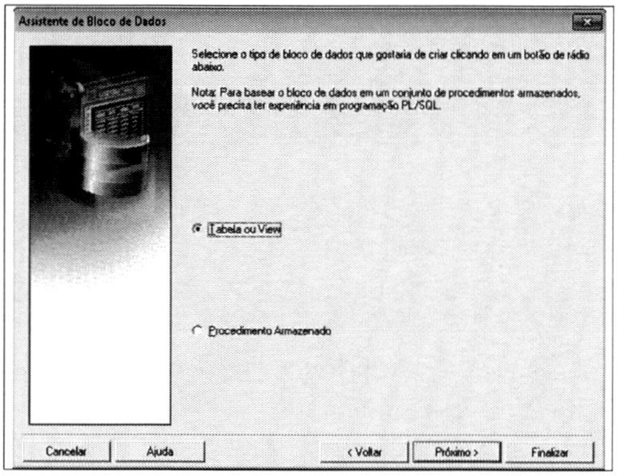

Será disponibilizada a tela de diálogo, conforme figura a seguir, onde o Leitor deverá informar o título da canvas neste caso "Cadastro de CLIENTE ", quantidade de registros exibidos = 1 . Em seguida clique no botão próximo.

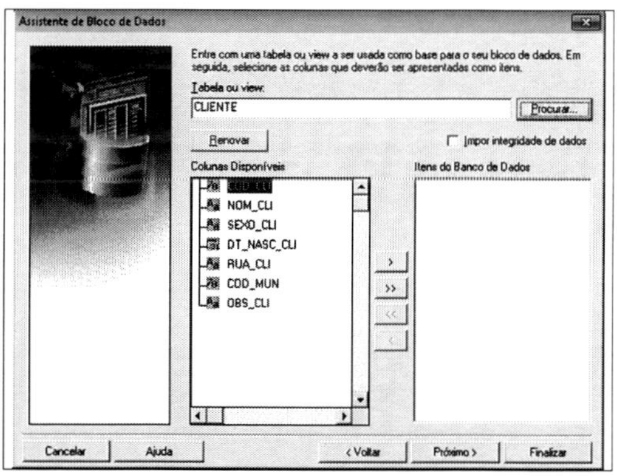

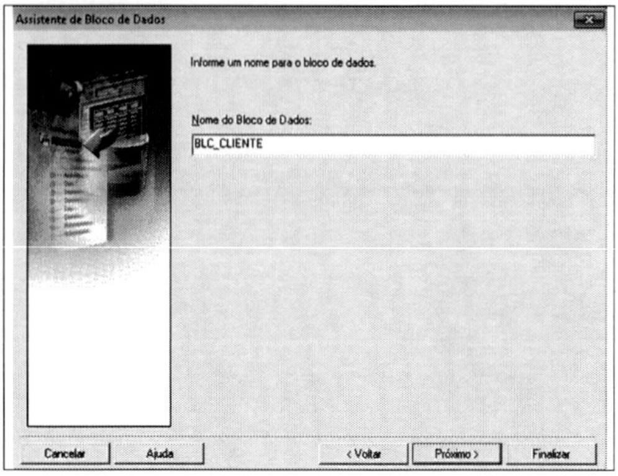

Será disponibilizada a tela de diálogo, conforme figura a seguir, informando que foi concluída a criação do canvas.

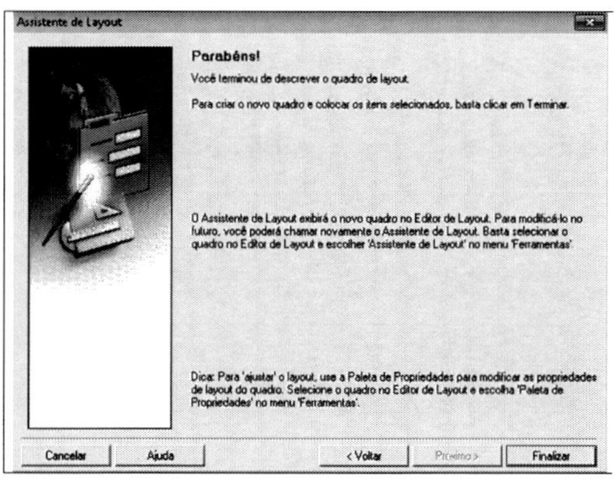

Editor de Layout

Vá ao menu da IDE e clique em Navegador Objeto. Será disponibilizada a tela de diálogo, conforme figura a seguir. Clique na canvas e em seguida, Palete de Propriedade e altere a canvas para CANCLIENTE. Retorne o Navegador de Objetos, selecione a canvas CANCLIENTE, em seguida clique com o botão direito. Será disponibilizado um SUBMENU, conforme figura a seguir. Clique na opção Editor de Layout, que é utilizado para editar a canvas e opcionalmente realizar as alterações que forem necessárias às nossas necessidades.

Será disponibilizada a tela de diálogo, conforme figura a seguir, com o layout definido durante a execução do assistente de canvas.

Do lado esquerdo, a IDE disponibiliza uma série de componentes que opcionalmente podemos utilizar em nossa canvas conforme as nossas necessidades. Com por exemplo: Botões, Text, Label, Radio e ao passar o mouse em cima do componente a IDE informa o nome do componente.

Inicialmente clique no retângulo, em seguida redimensione o retângulo, clique no componente botão e arraste para a canvas CANCLIENTE e solte.

ABA2

No objeto CANCLIENTE, selecione Página e clique no ícone(+) no canto superior esquerdo da IDE. Será criada uma Página12. Acesse Palete de Propriedade e na propriedade label atribua o valor ABA2. Em seguida acesse a Página9 e na Palete de Propriedade, na propriedade label, atribua o valor ABA1. Conforme figura a seguir.

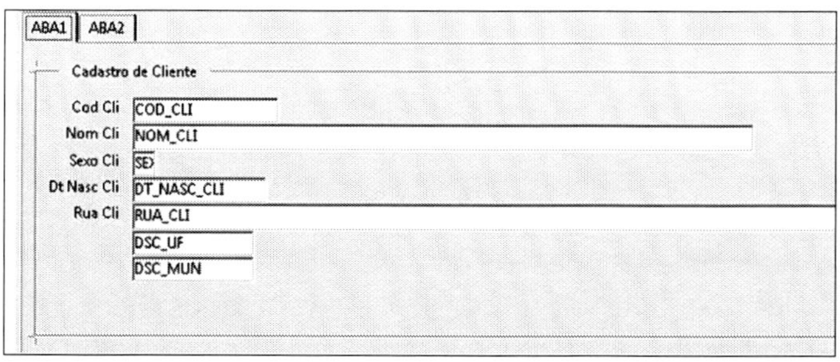

Acesse a Palete de Propriedade do campo OBS_CLI, na propriedade Página da Guia atribua o valor Página12. Retorne a ABA2 da CANCLIENTE. O campo OBS_CLI estará disponível. Redimensione o campo OBS_CLI. Conforme figura a seguir.

ABA3 - Lista de Cliente

Nosso desafio agora é implementar uma tela que irá listar os clientes. Inicialmente iremos acrescentar uma nova ABA ao formulário. Conforme figura a seguir.

Acrescente um Bloco de Dados e marque a opção: Desenvolver um novo bloco de dados manualmente. Conforme figura a seguir.

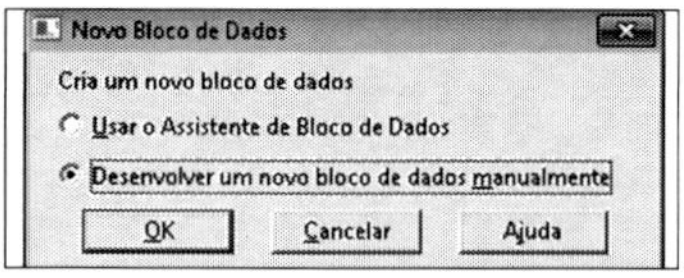

Acesse a Palete de Propriedade do Bloco de Dados e na propriedade Nome atribua o valor BLC_CLIENTE_PESQUISA. Acrescente um Item, acesse a Palete de Propriedade do Item e na propriedade Nome atribua o valor NM_CLI. Conforme figura a seguir.

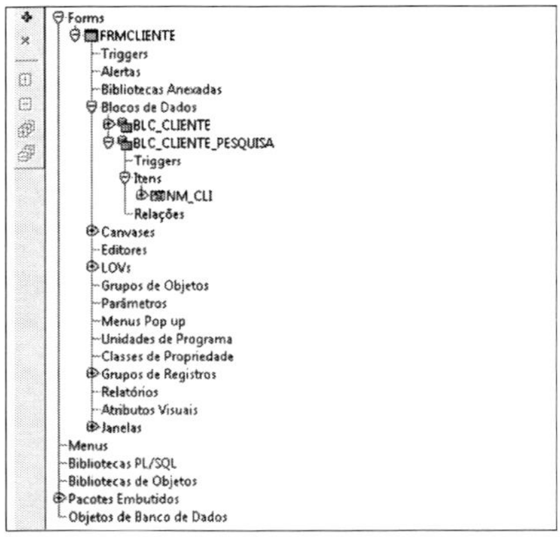

Acrescente um Bloco de Dados e marque a opção: Usar o Assistente de Bloco de Dados. Informe todos os campos da tabela CLIENTE e coloque o nome de BLC_CLIENTE_LISTA.

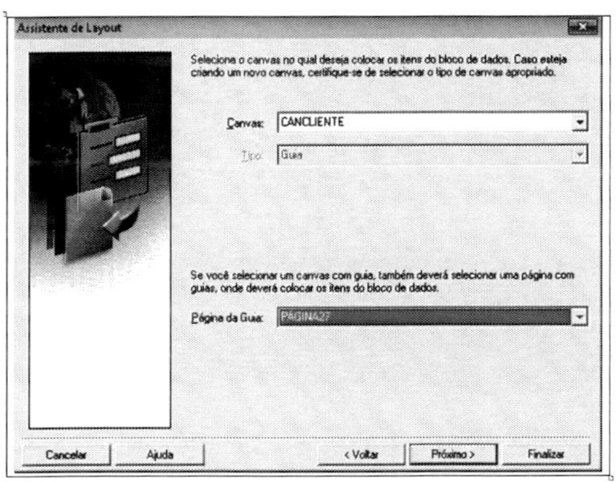

Crie a canvas pelo assistente de Layout e na propriedade Página da Guia atribua o valor Página27. No estilo de Layout selecione a opção: Tabular. Conforme figura a seguir.

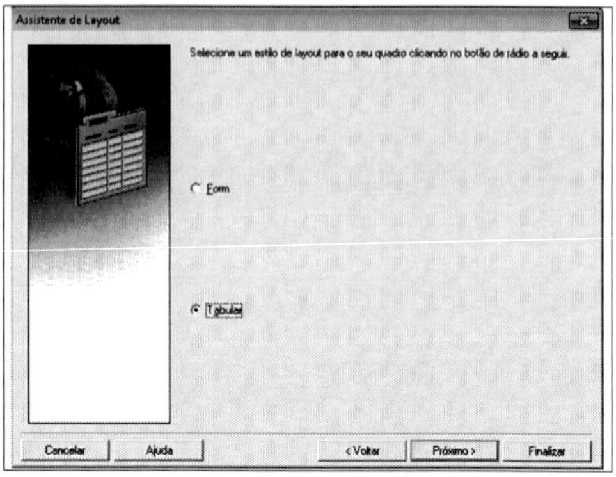

Em seguida será disponibilizada a tela de diálogo, onde o Leitor deverá fazer a seguinte configuração. Conforme figura a seguir.

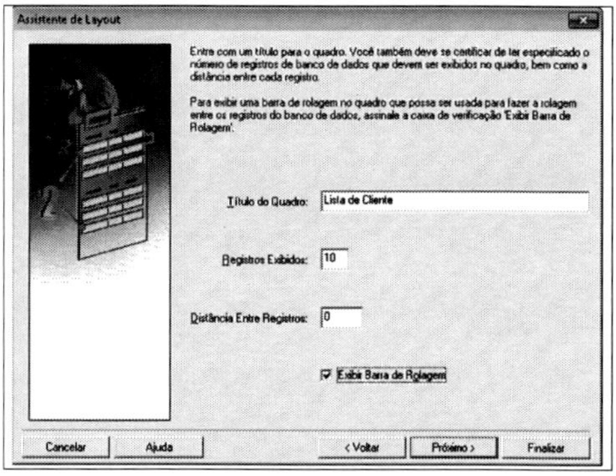

Será gerada uma tela. Conforme figura a seguir. Acrescente um botão na propriedade Name atribua o valor BTN_PESQUISAR e na propriedade label atribua o valor PESQUISAR

Selecione o botão Pesquisar, clique com o botão direito e será disponibilizado um submenu. Selecione a opção Editor de PL/SQL e será disponibilizada uma lista de trigger para o Leitor selecionar. Selecione a trigger WHEN-BUTTON-PRESSED.

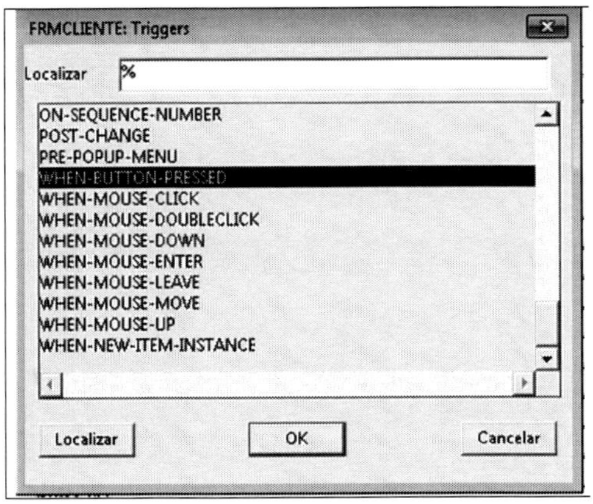


```
Codificando Trigger

Botão Pesquisa

  DECLARE

    LDEFAULT_WHERE varchar(1000);

    BEGIN

        BEGIN

            LDEFAULT_WHERE := ' NOM_CLI LIKE (%' || :BLC_CLIENTE_PES-
QUISA.NM_CLI || '%)';

           SET_BLOCK_PROPERTY(BLC_CLIENTE_PESQUISA,

           DEFAULT_WHERE,LDEFAULT_WHERE);

            GO_BLOCK ('BLC_CLIENTE_PESQUISA');

            EXECUTE_QUERY;

            FIRST_RECORD;

        EXCEPTION

            WHEN OTHERS THEN

                message('Erro de pesquisa : ' || sqlerrm);

                clear_message;

        END;

    END;
```

ABA4 - Mestre Detalhe

Nosso desafio agora é implementar uma tela que irá Listar Clientes por Município. Inicialmente iremos acrescentar uma nova ABA ao formulário.

Será criada uma Página, conforme figura a seguir. Acesse Palete de Propriedade e na propriedade label atribua o valor ABA4

Acrescente um Bloco de Dados BLC_MUNICÍPIO e não execute o Assistente de canvas, ou seja, ao concluir a criação do Bloco de Dados, clique na opção "Apenas cria o bloco de dados."

Acrescente um Bloco de Dados BLC_CLIENTE_MUNICÍPIO. Conforme o Leitor for executando o Assistente de Bloco. O Assistente de Bloco irá sugerir a criação de relacionamento entre os Bloco de Dados. Conforme figura a seguir.

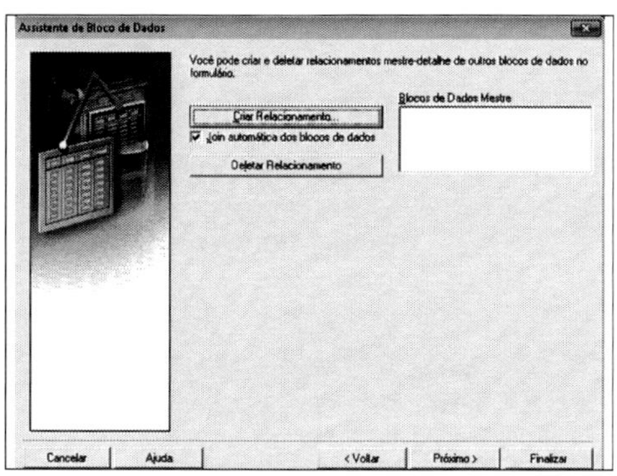

Clique no botão Criar Relacionamento e será disponibilizada uma tela de diálogo. Selecione o Bloco de Dados BLC_MUNICÍPIO. Conforme figura a seguir.

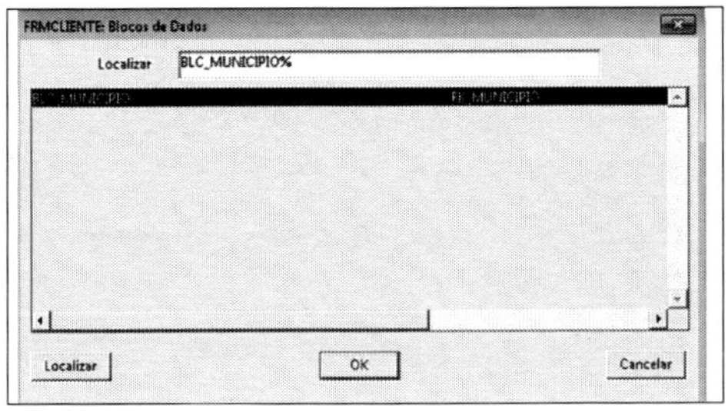

Configure o relacionamento entre os dois Blocos de Dados. Conforme figura a seguir.

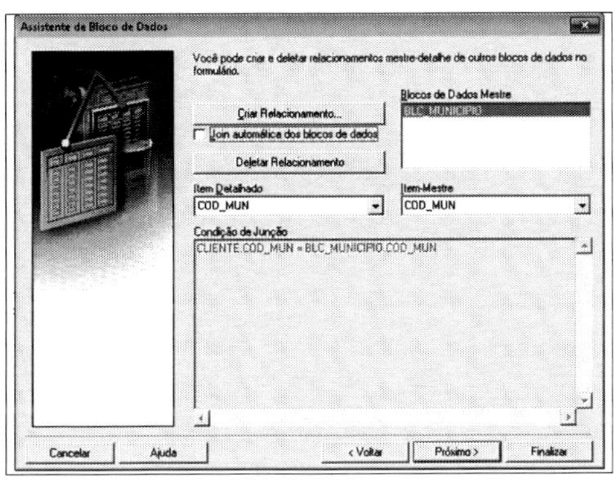

Prossiga com criação de Bloco de Dados BLC_CLIENTE_MUNICÍPIO.

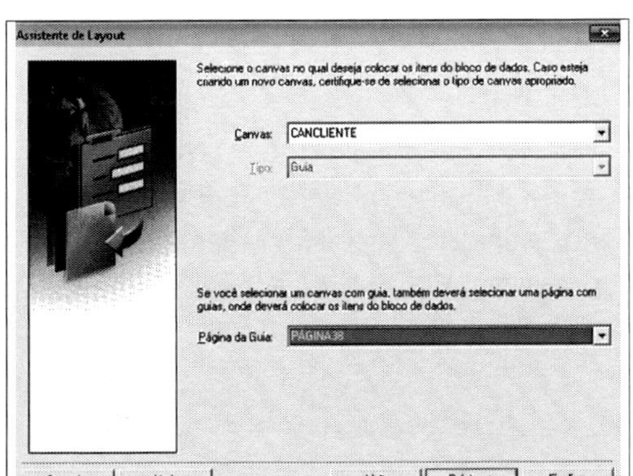

Na criação da canvas, configure a canvas. Conforme figura a seguir.

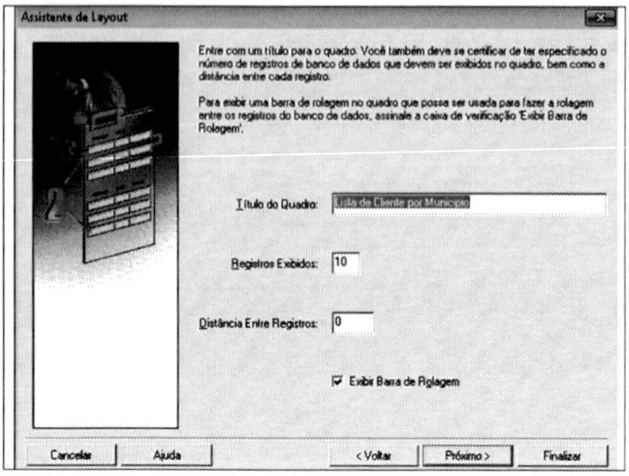

Acesse a Palete de Propriedade do campo DSC_MUN, na propriedade Página da Guia atribua o valor Página12. Retorne a ABA4 da CANCLIENTE, o campo DSC_MUN estará disponível. Redimensione o campo DSC_MUN. Conforme figura a seguir.

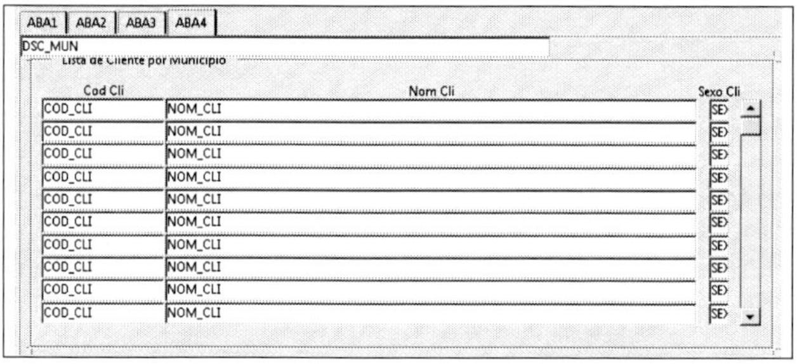

Na ABA1, acrescente 4 botões na CANCLIENTE, em seguida clique no botão com botão direito, selecione a opção Palete de Propriedade e configure a propriedade label com os valores Incluir, Alterar, Excluir e Consultar. Conforme figura a seguir.

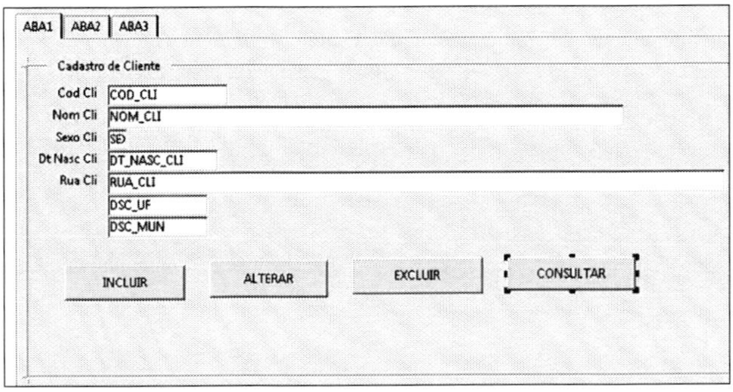

Codificando Trigger

Botão Incluir

Após concluir as alterações no Layout da canvas CANCLI, iremos iniciar a codificação do formulário FRMCLIENTE. Retorne ao editor de layout da canvas CANUF. Selecione o botão Incluir, clique com o botão direito e será disponibilizado um submenu. Selecione a opção Editor de PL/SQL e será disponibilizada uma lista de trigger para o leitor selecionar. Selecione sempre a trigger que irá atender as suas necessidades. Neste caso iremos selecionar WHEN-BUTTON--PRESSED. Conforme figura a seguir.

Será disponibilizada uma área para que o Leitor possa implementar o código que será executado quando o usuário clicar no botão Incluir. Iremos implementar o código a seguir.

```
BEGIN
    BEGIN
        select max(cod_cli)
        into :BLC_CLI.COD_CLI
        from cliente;
        insert cliente(cod_cli,dsc_cli)
        values (:BLC_CLI.COD_CLI,:BLC_CLI.DSC_CLI)   ;
    EXCEPTION
        WHEN OTHERS THEN
            message('Erro de Inclusão  :  ' || sqlerrm);
            clear_message;
    END;
END;
```

Botão Alterar

Selecione o botão Alterar, clique com o botão direito e será disponibilizado um submenu. Selecione a opção Editor de PL/SQL e será disponibilizada uma lista de trigger para o Leitor selecionar. Selecione a trigger WHEN-BUTTON--PRESSED.

Será disponibilizada a área para que o leitor possa implementar o código que será executado quando o usuário clicar no botão Alterar. Iremos implementar o código a seguir.

```
BEGIN
     BEGIN
         update cliente
         set dsc_cli  = :BLC_CLI.DSC_CLI
         where  BLC_CLI.COD_CLI  = :BLC_CLI.COD_CLI;
     EXCEPTION
         WHEN OTHERS THEN
             message('Erro de Alteração :   '  || sqlerrm);
             clear_message;
     END;
  END;
```

Botão Excluir

Selecione o botão Excluir, clique com botão direito e será disponibilizado um submenu. Selecione a opção Editor de PL/SQL e será disponibilizada uma lista de trigger para o leitor selecionar. Selecione a trigger WHEN-BUTTON--PRESSED.

Será disponibilizada a área para que o Leitor possa implementar o código que será executado quando o usuário clicar no botão Excluir. Iremos implementar o código a seguir.

```
BEGIN
     BEGIN
         Delete  cliente where  BLC_CLI.COD_CLI  = :BLC_CLI.COD_CLI;
     EXCEPTION
     WHEN OTHERS THEN
         message('Erro de  Exclusão  :  '  || sqlerrm);
```

```
            clear_message;
        END;
    END;
Botão Consultar
```

Selecione o botão Consultar, clique com o botão direito, será disponibilizado um submenu , selecione a opção Editor de PL/SQL e será disponibilizada uma lista de trigger para o leitor selecionar. Selecione a trigger WHEN-BUTTON-PRESSED.

Será disponibilizada a área, para que o leitor possa implementar o código que será executado quando o usuário clicar no botão Consultar. Iremos implementar o código a seguir.

```
    BEGIN
        BEGIN
            Select  dsc_cli
            Into :BLC_CLI.DSC_CLI
            where  BLC_CLI.COD_CLI  = :BLC_CLI.COD_CLI;
        EXCEPTION
            WHEN OTHERS THEN
                message('Erro  na Consulta :  '  || sqlerrm);
                clear_message;
        END;
    END;
Criando LOV UF
```

O Leitor deverá Implementar a LOVUF, conforme foram apresentados nos capítulos anteriores.

Retorne ao Navegador Objeto, selecione o Bloco de Dados BLC_CLIENTE, selecione o item DSC_UF, clique com o botão direito, será disponibilizado um submenu, selecione a opção Paleta de Propriedade. Na propriedade Lista de Valores serão listados as Lov´S implementadas no FRMCLI, selecione a LOVUF. Sempre que, em tempo de execução o campo DSC_UF receber o foco, o FRMCLI irá disponibilizar uma Lista de UF para que o usuário possa selecionar. Após a seleção o cod_uf da UF selecionado será atribuído ao item : BLC_CLINTE.COD_UF.

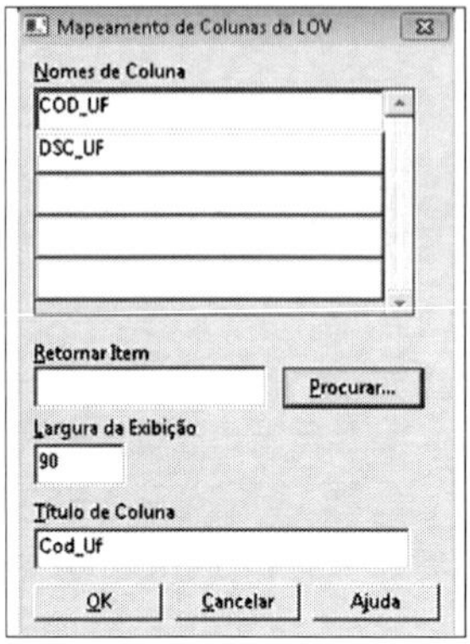

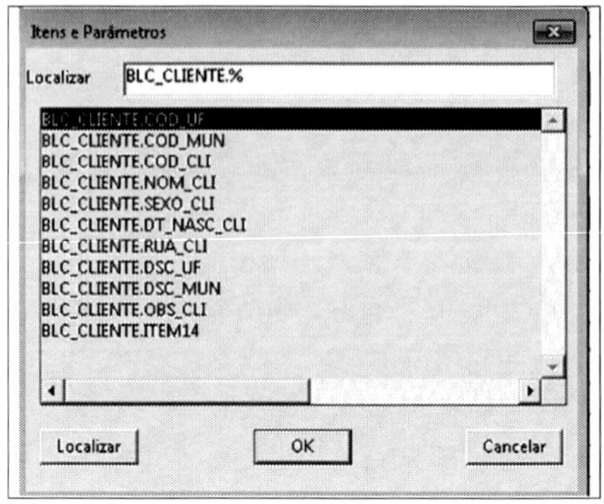

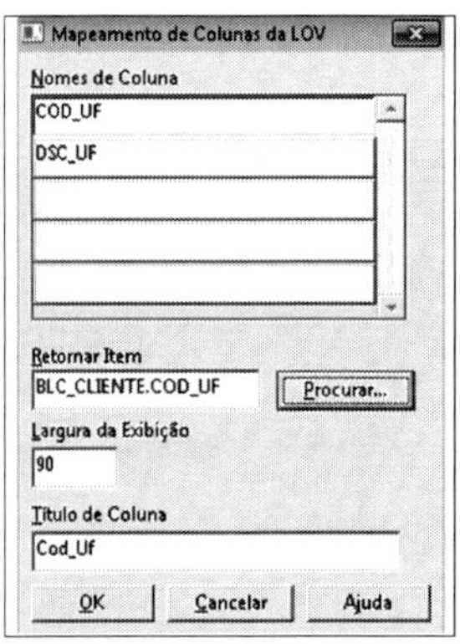

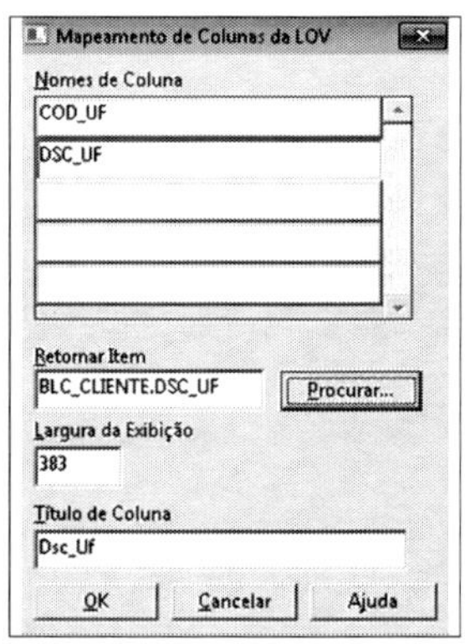

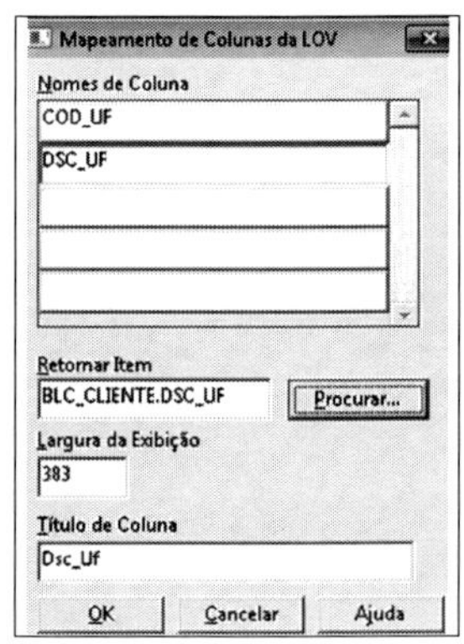

Criando LOV MUNICÍPIO

Ao término da criação e configuração dos campos da LOVUF , o Leitor deverá criar uma LOV MUN e Mapeamento dos Campos COD_MUN e DSC_MUN, conforme foram apresentados nos capítulos anteriores. A cláusula WHERE tem uma peculiaridade. Na WHERE o Leitor deverá somente colocar a variável :BLC_CLIENTE.COD_UF essa restrição fará com que sejam listados somente os Municípios da UF selecionada. Conforme figura a seguir.

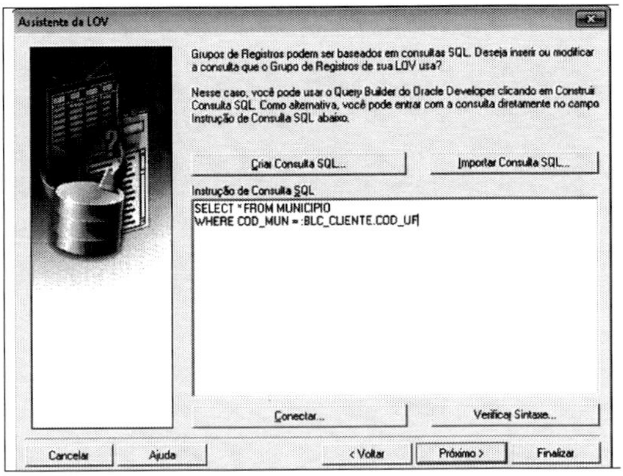

Selecione o objeto LOV e em seguida clique no ícone (+) no canto superior esquerdo da IDE. Será disponibilizada uma tela de diálogo, conforme figura a seguir. Marque a opção: "Usar o Assistente de LOV" e em seguida clique no botão OK.

Será disponibilizada a tela de diálogo, conforme figura a seguir, onde o Leitor deverá informar um objeto Grupo de Registro. Neste caso o Leitor deverá informar a opção "Novo Grupo de Registro baseado em consulta". Em seguida clique no botão próximo.

Será disponibilizada a tela de diálogo, conforme figura a seguir . Conforme vimos nos capítulos anteriores, Grupo de Registro é onde fica armazenado o select da LOV.

O Leitor deverá informar o select ou importá-lo de alguma pasta, em seguida clique no botão Conectar. Se não estiver conectado ao banco de dados é preciso fazer a conexão.

A cláusula WHERE tem uma peculiaridade. Na WHERE o leitor deverá informar a variável :BLC_CLIENTE.COD_UF. Essa restrição fará com que sejam listados somente os Municípios da UF selecionada.

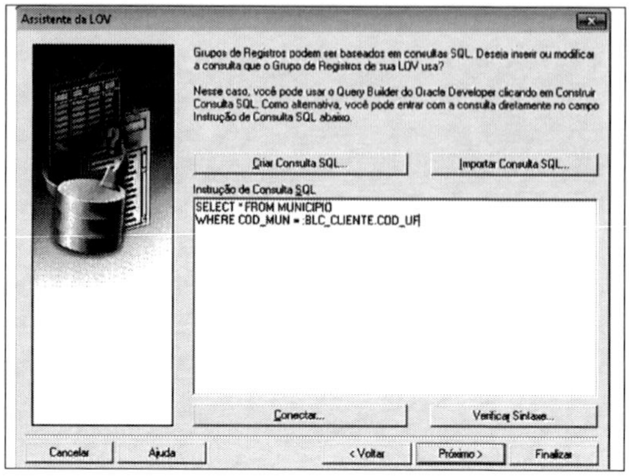

Estando conectado ao banco de dados clique no botão Verificar Sintaxe e caso haja erro de sintaxe a IDE irá identificar o erro. Não tendo erro de sintaxe clique no botão Próximo.

Será disponibilizada a tela de diálogo, conforme figura a seguir. O leitor deverá selecionar os campos que irão compor a LOV. Clique no botão (>>) os campos selecionados passarão para área Colunas da LOV . Em seguida clique no botão próximo.

Assistente de Canvas da LOV

Será disponibilizada a tela de diálogo, conforme figura a seguir. A IDE disponibiliza valores default para label e Dimensões das label, opcionalmente o leitor poderá alterar estes valores. Em seguida clique no botão próximo.

Será disponibilizada a tela de diálogo, conforme figura a seguir. O leitor deverá informar um título, neste caso Lista de UF. A IDE disponibiliza valores default para as dimensões da tela da LOV que será disponibilizada durante a execução do formulário. Opcionalmente o Leitor poderá alterar estes valores. Em seguida clique no botão próximo.

Será disponibilizada a tela de diálogo, conforme figura a seguir. O leitor deverá informar a quantidade de registro que será listada, opcionalmente informe 10 . Em seguida clique no botão Próximo.

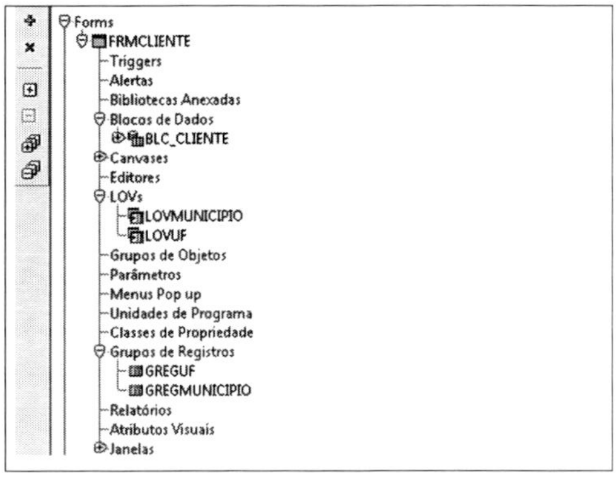

Mapeamento de Coluna

A LOV foi concluída, mas ainda falta um detalhe para a LOV funcionar. Retorne ao Navegador Objeto e clique na LOV e na Paleta de Propriedade, a propriedade nome informa LOVMUN , em seguida clique na propriedade "Propriedade de Mapeamento de Coluna".

Será disponibilizada a tela de diálogo, conforme figura a seguir. O leitor deverá selecionar o campo COD_MUN . Em seguida clique no botão Procurar.

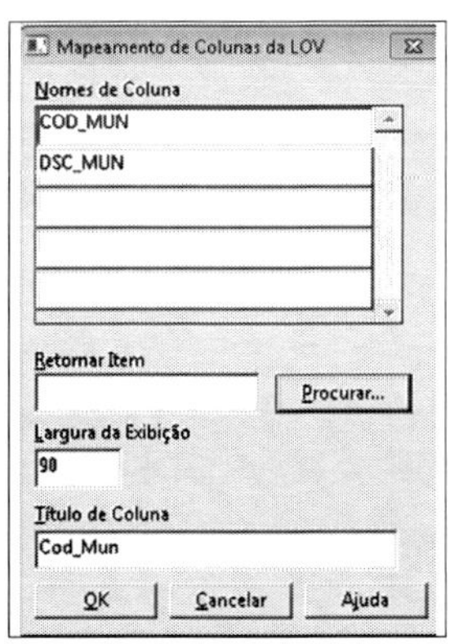

Será disponibilizada a tela de diálogo, conforme figura a seguir. O leitor deverá selecionar o campo COD_MUN. Em seguida clique no botão Procurar, no Bloco de Dados destino BLC_CLIENTE selecione o campo destino BLC_CLIENTE.COD_MUN e em seguida clique no botão OK.

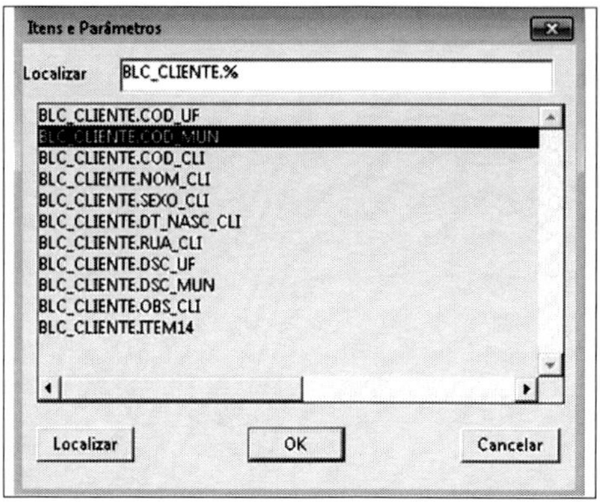

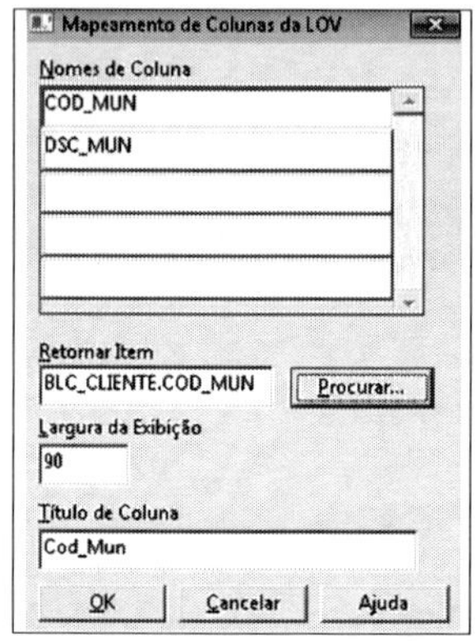

O leitor deverá selecionar o campo DSC_MUN. Em seguida clique no botão Procurar no Bloco de Dados destino BLC_CLIENTE, selecione o campo destino BLC_CLIENTE.DSC_MUN e em seguida clique no botão OK.

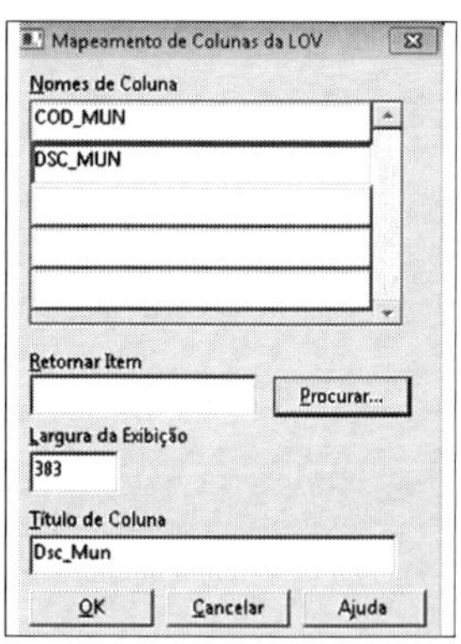

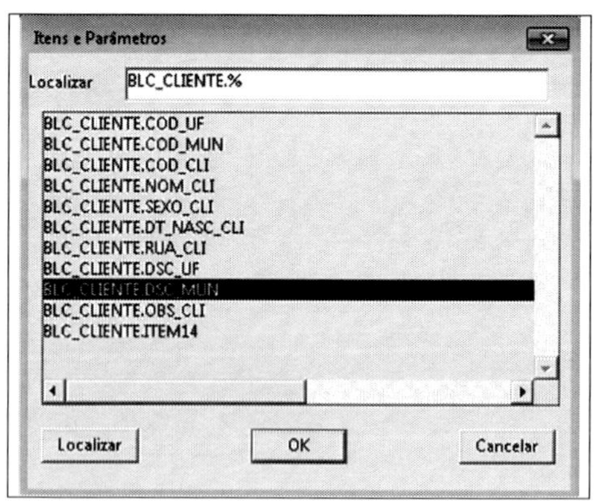

Retorne ao Navegador Objeto, selecione o Bloco de Dados BLC_CLIENTE, selecione o item DSC_MUN, clique com o botão direito, será disponibilizado um submenu. Selecione a opção Paleta de Propriedade, na propriedade Lista de Valores serão listados as Lov´S implementadas no FRMCLI. Selecione a LOV-MUN. Sempre que em tempo de execução o campo DSC_MUN receber o foco, o FRMCLI irá disponibilizar uma Lista de Município para que o usuário possa selecionar. Após a seleção o cod_mun do Município selecionado será atribuído para o item :BLC_CLINTE.COD_MUN.

Compilar

Dessa forma concluímos a implementação. Agora é preciso compilar. Para isso, clique no menu principal da IDE na opção Programar\Compilar PLSQL\Tudo. Conforme figura a seguir.

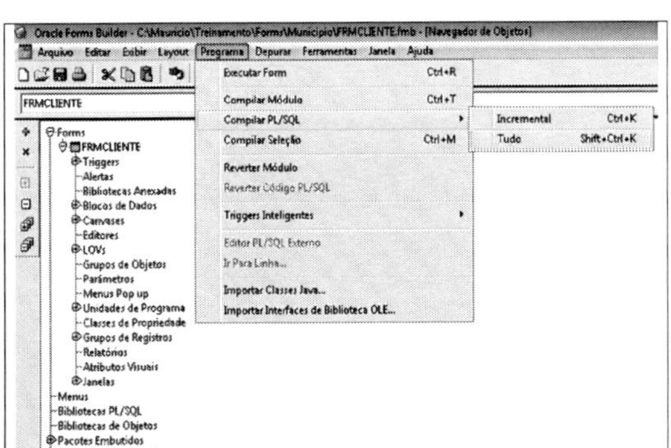

Se a compilação terminar com sucesso, será disponibilizada a tela de diálogo, conforme figura a seguir.

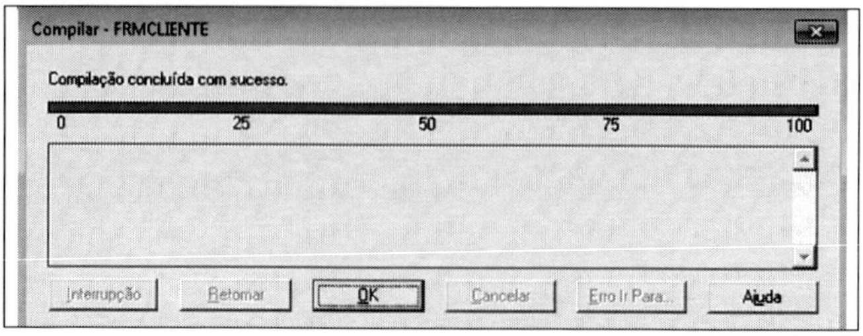

Conclusão

Neste capítulo aprendemos: como criar formulários e implementar e/ou codificar trigger disponibilizada pela IDE. E que serão executadas pelos formulários criados pelo leitor.

Capítulo 5

Unidade de Programa

O Oracle Forms disponibiliza um recurso para armazenar procedimentos escritos na linguagem PL/SQL em um formulário. As Unidades de Programa podem ser utilizadas para obter funcionalidade que não é possível implementar através da Linguagem de Consulta Estruturada (SQL) ou implementar em uma interface do Oracle Forms.

As Unidades de Programa são similares ao conceito de interface da Orientação Objeto. Para implementar Unidade de Programa, a IDE disponibiliza dois tipos distintos de Unidade de Programa

Especificação do Pacote

Na Especificação do Pacote o leitor deverá especificar todas as procedures e/ou funções da Unidade de Programa. Ou seja, nome da procedure e/ou função e seus parâmetros.

Corpo do Pacote

No Corpo do Pacote o leitor deverá implementar e/ou codificar todas as procedures e/ou funções na especificação do pacote. A IDE só aceita a implementação de procedure e/ou função que estiver sido especificada.

Neste capítulo , iremos demonstrar como implementar e/ou codificar utilizando o objeto Unidade de Programa disponibilizado pela IDE.

Iremos implementar e/ou codificar um CRUD implementando o código no objeto Unidade de Programa:

1. Cadastro de UF
2. Cadastro de Município
3. Cadastro de Cliente

Será possível apender os conhecimentos necessários para implementação de CRUD utilizando o objeto Unidade de Programa.

Cadastro de UF

Criando Formulário FRMUF

Crie um formulário FRMUF conforme apresentado no capítulo três. Mas agora implementaremos as triggers com uma Unidade de Programa.

Especificação de Pacote

Selecione o objeto Unidades de Programa, clique no ícone (+) e será disponibilizada a tela de diálogo.

Informe o nome da Unidade de Programa, neste caso UNP_UF. Marque a opção Especificação de Pacote, em seguida clique no botão OK.

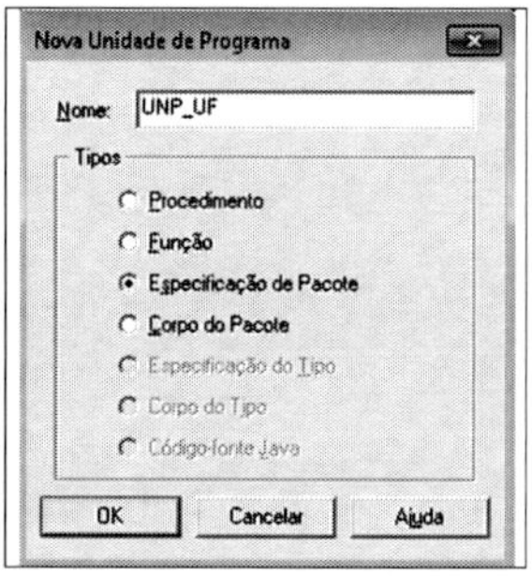

Será disponibilizada a área para que o Leitor possa definir quais procedures irão ser implementadas na Unidade de Programa Corpo do Pacote. Neste caso UNP_UF iremos implementar as procedures Incluir, Alterar, Consultar e Excluir. Conforme código a seguir.

```
PACKAGE UNP_UF IS

        PROCEDURE INCLUIR;

        PROCEDURE ALTERAR;

        PROCEDURE EXCLUIR;

        PROCEDURE CONSULTAR;

END;
```

Corpo do Pacote

Selecione o objeto Unidades de Programa, clique no ícone (+) e será disponibilizada a tela de diálogo.

Informe o nome da Unidade de Programa neste caso UNP_UF. Marque a opção Corpo do Pacote, em seguida clique no botão OK.

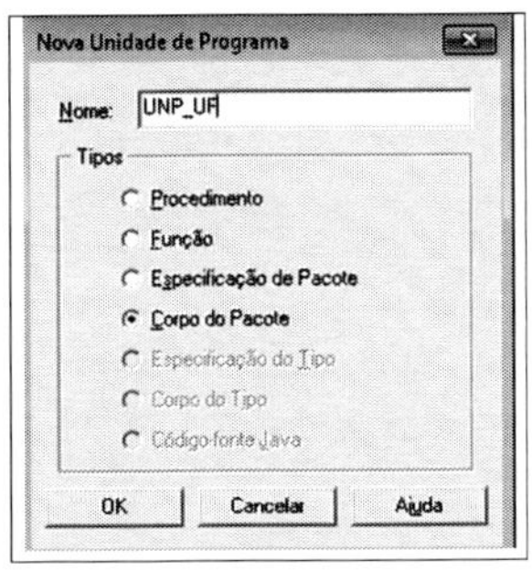

Será disponibilizada uma área para que o leitor possa implementar e/ou codificar as procedures definidas na Unidade de Programa Especificação do Pacote. Conforme código a seguir.

```
PACKAGE BODY UNP_UF IS
        PROCEDURE INCLUIR AS
        begin
             begin
                SELECT MAX(COD_UF)
                INTO NVL(:blcuf.cod_uf,0)+1
                FROM UF;
                insert into uf (cod_uf,dsc_uf)
                values (:blcuf.cod_uf,:blcuf.dsc_uf);
                message('Inserido com sucesso');
                clear_message;
            exception
                WHEN OTHERS THEN
                message('Erro de insert : ' || sqlerrm);
                clear_message;
            end;
```

```
end;
PROCEDURE ALTERAR AS
        begin
         begin
            update uf
            set dsc_uf = :blcuf.dsc_uf
            where cod_uf = :blcuf.cod_uf;
            message('Alterado com sucesso');
            clear_message;
          exception
             WHEN OTHERS THEN
                message('Erro de alterar : ' || sqlerrm);
                clear_message;
          end;
end;
PROCEDURE EXCLUIR AS
        begin
         begin
            delete from uf
            where cod_uf = :blcuf.cod_uf;
            message('Excluido com sucesso');
            clear_message;
         exception
             WHEN OTHERS THEN
             message('Erro de exclusao : ' || sqlerrm);
             clear_message;
         end;
end;
PROCEDURE CONSULTAR AS
        begin
         begin
            select cod_uf,dsc_uf
            into :blcuf.cod_uf,:blcuf.dsc_uf
```

```
        from uf
        where cod_uf = :blcuf.cod_uf;
      exception
        WHEN OTHERS THEN
          message('Erro de consulta : ' || sqlerrm);
          clear_message;
      end;
end;
END;
```

Codificando Trigger

Botão Incluir

Retorne ao editor de layout da canvas CANUF, selecione o botão Incluir, clique com o botão direito, será disponibilizado um submenu. Selecione a opção editor de PL/SQL e será disponibilizada uma lista de trigger para o Leitor selecionar. Selecione sempre a trigger que irá atender as suas necessidades. Neste caso iremos selecionar WHEN-BUTTON-PRESSED. Conforme figura a seguir.

Será disponibilizada a área, conforme figura a seguir, para que o Leitor possa implementar o código que será executado quando o usuário clicar no botão Incluir.

```
BEGIN
      UNP_UF.INCLUIR;
  END;
```

Botão Alterar

Selecione o botão Alterar, clique com botão direito, será disponibilizado um submenu. Selecione a opção Editor de PL/SQL e será disponibilizada uma lista de trigger para o leitor selecionar. Selecione a trigger WHEN-BUTTON--PRESSED.

Será disponibilizada a área, para que o leitor possa implementar o código que será executado quando o usuário clicar no botão Alterar, implemente o código a seguir.

```
BEGIN
        UNP_UF.ALTERAR;
END;
```

Botão Excluir

Selecione o botão Excluir, clique com o botão direito, será disponibilizado um submenu Selecione a opção Editor de PL/SQL e será disponibilizada uma lista de trigger para o leitor selecionar. Selecione a trigger WHEN-BUTTON--PRESSED.

Será disponibilizada a área, para que o Leitor possa implementar o código que será executado quando o usuário clicar no botão Excluir, implemente o código a seguir.

```
BEGIN

        UNP_UF.EXCLUIR;

END;

Botão Consultar
```

Selecione o botão Consultar, clique com o botão direito, será disponibilizado um submenu . Selecione a opção Editor de PL/SQL e será disponibilizada uma lista de trigger para o Leitor selecionar. Selecione a trigger WHEN-BUTTON-PRESSED.

Será disponibilizada a área, para que o Leitor possa implementar o código que será executado quando o usuário clicar no botão Consultar, implemente o código a seguir.

```
BEGIN

        UNP_UF.CONSULTAR;

END;

Compilar
```

Dessa forma concluímos a implementação. Agora é preciso compilar. Para isso, clique no menu principal da IDE na opção Programar\Compilar PLSQL\Tudo.

Cadastro de Município

Criando Formulário FRMUNICÍPIO

Crie um formulário FRMUNICÍPIO conforme apresentado no capítulo 3. Mas agora implementaremos as triggers com uma Unidade de Programa.

Especificação de Pacote

Selecione o objeto Unidades de Programa, clique no ícone (+) e será disponibilizada a tela de diálogo.

Informe o nome da Unidade de Programa neste caso UNP_MUN , Marque a opção Especificação de Pacote , em seguida clique no botão OK.

Será disponibilizada a área para que o Leitor possa definir quais procedures serão implementas na Unidade de Programa Corpo do Pacote.

Neste caso UNP_MUN iremos implementar as procedures Incluir, Alterar, Consultar e Excluir. Conforme código a seguir.

```
PACKAGE UNP_MUN IS

        PROCEDURE INCLUIR;

        PROCEDURE ALTERAR;

        PROCEDURE EXCLUIR;

        PROCEDURE CONSULTAR;

END;
```

Corpo do Pacote

Selecione o objeto Unidades de Programa, clique no ícone (+) e será disponibilizada a tela de diálogo.

Informe o nome da Unidade de Programa neste caso UNP_MUN, Marque a opção Corpo do Pacote, em seguida clique no botão OK.

Será disponibilizada uma área, para que o Leitor possa implementar e codificar as procedures definidas Unidade de Programa Especificação do Pacote. Conforme código a seguir.

```
PACKAGE BODY UNP_MUN IS

        PROCEDURE INCLUIR AS

        begin

             begin

                SELECT MAX(COD_MUN)

                INTO NVL(:blcmun.cod_mun,0)+1

                FROM MUNICIPIO;

                insert into Município (cod_mun,dsc_uf)

                values (:blcmun.cod_mun,:blcmun.dsc_mun);

                message('Inserido com sucesso');

                clear_message;
```

```
    exception
        WHEN OTHERS THEN
        message('Erro de insert : ' || sqlerrm);
        clear_message;
    end;
 end;

PROCEDURE ALTERAR AS
begin
 begin
    update Municipio
    set dsc_mun = blcmun.dsc_mun
    where cod_mun = :blcmun.cod_mun;
    message('Alterado com sucesso');
    clear_message;
  exception
     WHEN OTHERS THEN
        message('Erro de alterar : ' || sqlerrm);
        clear_message;
  end;
end;

PROCEDURE EXCLUIR AS
begin
 begin
    delete from Municipio
    where cod_mun = :blcmun.cod_mun;
    message('Excluido com sucesso');
    clear_message;
 exception
     WHEN OTHERS THEN
     message('Erro de exclusao : ' || sqlerrm);
     clear_message;
```

```
        end;
      end;

      PROCEDURE CONSULTAR AS
      begin
       begin
          select cod_mun,dsc_mun
          into :blcmun.cod_mun,:blcmun.dsc_mun
          from Municipio
          where cod_uf = :blcuf.cod_uf;
        exception
           WHEN OTHERS THEN
              message('Erro de consulta : ' || sqlerrm);
              clear_message;
        end;
    end;
END;
```

Codificando Trigger

Botão Incluir

Retorne ao editor de layout da canvas CANMUNICÍPIO, selecione o botão Incluir, clique com botão direito, será disponibilizado um submenu. Selecione a opção editor de PL/SQL e será disponibilizada uma lista de trigger para o Leitor selecionar. Selecione sempre a trigger que irá atender as suas necessidades. Neste caso iremos selecionar WHEN-BUTTON-PRESSED.

Será disponibilizada a área, conforme o código a seguir, para que o leitor possa implementar o código que será executado quando o usuário clicar no botão Incluir.

```
BEGIN
        UNP_MUN.INCLUIR;
END;
```

Botão Alterar

Selecione o botão Alterar, clique com botão direito, será disponibilizado um submenu. Selecione a opção Editor de PL/SQL e será disponibilizada uma lista de trigger para o leitor selecionar. Selecione a trigger WHEN-BUTTON-PRESSED.

Será disponibilizada a área, para que o leitor possa implementar o código que será executado quando o usuário clicar no botão Alterar, implemente o código a seguir.

```
BEGIN

        UNP_MUN.ALTERAR;

END;
```

Botão Excluir

Selecione o botão Excluir , clique com botão direito, será disponibilizado um submenu. Selecione a opção Editor de PL/SQL e será disponibilizada uma lista de trigger para o leitor selecionar. Selecione a trigger WHEN-BUTTON-PRESSED.

Será disponibilizada a área, para que o leitor possa implementar o código que será executado quando o usuário clicar no botão Excluir, implemente o código a seguir.

```
BEGIN

        UNP_MUN.EXCLUIR;

END;
```

Botão Consultar

Selecione o botão Consultar, clique com botão direito, será disponibilizado um submenu. Selecione a opção Editor de PL/SQL e será disponibilizada uma lista de trigger para o leitor selecionar. Selecione a trigger WHEN-BUTTON-PRESSED.

Será disponibilizada a área, para que o leitor possa implementar o código que será executado quando o usuário clicar no botão Consultar, implemente o código a seguir.

```
BEGIN

        UNP_MUN.CONSULTAR;

END;
```

Compilar

Dessa forma concluímos a implementação. Agora é preciso compilar. Para isso, clique no menu principal da IDE na opção Programar\Compilar PLSQL\ Tudo.

Cadastro de Cliente

Criando Formulário FRMCLIENTE

Crie um formulário FRMCLIENTE conforme apresentado no capítulo 3. Mas agora implementaremos as triggers com uma Unidade de Programa.

Especificação de Pacote

Selecione o objeto Unidades de Programa, clique no ícone (+) e será disponibilizada a tela de diálogo.

Informe o nome da Unidade de Programa neste caso UNP_CLIENTE, Marque a opção Especificação de Pacote, em seguida clique no botão OK.

Será disponibilizada a área, para que o leitor possa definir quais procedures serão implementas na Unidade de Programa Corpo do Pacote.

Neste caso UNP_CLI iremos implementar as procedures Incluir, Alterar, Consultar e Excluir. Conforme código a seguir.

```
PACKAGE UNP_CLIENTE IS

        PROCEDURE INCLUIR;

        PROCEDURE ALTERAR;

        PROCEDURE EXCLUIR;

        PROCEDURE CONSULTAR;

END;
```

Corpo do Pacote

Selecione o objeto Unidades de Programa, clique no ícone (+) e será disponibilizada a tela de diálogo.

Informe o nome da Unidade de Programa neste caso UNP_CLI, Marque a opção Corpo do Pacote, em seguida clique no botão OK.

Será disponibilizada uma área , para que o leitor possa implementar e codificar as procedures definidas Unidade de Programa Especificação do Pacote. Conforme código a seguir.

```
PACKAGE BODY UNP_CLIENTE AS
        PROCEDURE INCLUIR
        begin
             begin
                SELECT MAX(COD_CLI)
                INTO NVL(:blccli.cod_cli,0)+1
                FROM CLIENTE;
                insert into cliente (cod_cli,dsc_cli)
                values (:blccli.cod_cli,:blccli.dsc_cli);
                message('Inserido com sucesso');
                clear_message;
            exception
                WHEN OTHERS THEN
                message('Erro de insert : ' || sqlerrm);
                clear_message;
            end;
         end;

        PROCEDURE ALTERAR AS
        begin
         begin
            update cliente
            set dsc_cli = :blccli.dsc_cli
            where cod_cli = :blccli.cod_cli;
            message('Alterado com sucesso');
            clear_message;
          exception
             WHEN OTHERS THEN
                message('Erro de alterar : ' || sqlerrm);
                clear_message;
          end;
        end;
```

```
PROCEDURE EXCLUIR AS
begin
 begin
    delete from cliente
    where cod_cli = :blccli.cod_cli;
    message('Excluido com sucesso');
    clear_message;
 exception
     WHEN OTHERS THEN
     message('Erro de exclusao : ' || sqlerrm);
     clear_message;
 end;
end;

PROCEDURE CONSULTAR AS
begin
 begin
    select cod_cli,dsc_cli
    into :blccli.cod_cli,:blccli.dsc_cli
from cliente
    where cod_cli = :blccli.cod_cli;
  exception
     WHEN OTHERS THEN
        message('Erro de consulta : ' || sqlerrm);
        clear_message;
  end;
end;
END;
```

Codificando Trigger

Botão Incluir

Retorne ao editor de layout da canvas CANCLIENTE, selecione o botão Incluir, clique com botão direito, será disponibilizado um submenu . Selecione a opção editor de PL/SQL e será disponibilizada uma lista de trigger para o leitor selecionar. Selecione sempre a trigger que irá atender as suas necessidades. Neste caso iremos selecionar WHEN-BUTTON-PRESSED.

Será disponibilizada a área, conforme figura a seguir, para que o leitor possa implementar o código que será executado quando o usuário clicar no botão Incluir.

```
BEGIN

        UNP_CLIENTE.INCLUIR;

END;
```

Botão Alterar

Selecione o botão Alterar, clique com botão direito, será disponibilizado um submenu . Selecione a opção Editor de PL/SQL e será disponibilizada uma lista de trigger para o leitor selecionar. Selecione a trigger WHEN-BUTTON--PRESSED.

Será disponibilizada a área, para que o leitor possa implementar o código que será executado quando o usuário clicar no botão Alterar. Implemente o código a seguir.

```
BEGIN

        UNP_CLIENTE.ALTERAR;

END;
```

Botão Excluir

Selecione o botão Excluir , clique com o botão direito, será disponibilizado um submenu . Selecione a opção Editor de PL/SQL e será disponibilizada uma lista de trigger para o leitor selecionar. Selecione a trigger WHEN-BUTTON--PRESSED.

Será disponibilizada a área, para que o leitor possa implementar o código que será executado quando o usuário clicar no botão Excluir. Implemente o código a seguir.

```
BEGIN

        UNP_CLIENTE.EXCLUIR;

END;
```

Botão Consultar

Selecione o botão Consultar, clique com o botão direito, será disponibilizado um submenu. Selecione a opção Editor de PL/SQL e será disponibilizada uma lista de trigger para o leitor selecionar. Selecione a trigger WHEN-BUTTON-PRESSED.

Será disponibilizada a área, para que o leitor possa implementar o código que será executado quando o usuário clicar no botão Consultar. Implemente o código a seguir.

```
BEGIN
        UNP_CLIENTE.CONSULTAR;
END;
```

Compilar

Dessa forma concluímos a implementação. Agora é preciso compilar. Para isso, clique no menu principal da IDE na opção Programar\Compilar PLSQL\Tudo.

Conclusão

Neste capítulo aprendemos que: o Oracle Forms disponibiliza um recurso para armazenar procedimentos escritos na linguagem PL/SQL em um formulário. As Unidades de Programa podem ser utilizadas para obter funcionalidade que não é possível implementar através da Linguagem de Consulta Estruturada (SQL) ou implementar em uma interface do Oracle Forms.

Capítulo 6

Biblioteca PL/QL

Nosso desafio é implementar uma Biblioteca de PL/SQL que será utilizada por um Cadastro de UF.

A Biblioteca de PL/SQL é composta por:

1. Unidade de Programação Especificação de Pacote.

2. Unidade de Programação Corpo de Pacote.

O cadastro de UF é composto por:

1. Bloco de Dados da Tabela UF.

2. Canvas.

3. Biblioteca Indexada.

4. Codificar Trigger.

Criando Formulário FRMBIBLIOTECA

Selecione o Formulário criado, e em seguida clique com o botão direito. Será disponibilizado um SUBMENU. Clique na opção Paleta de Propriedade, que é utilizada para configurar as propriedades do Formulário. Na propriedade Nome atribua o valor FRMBIBLIOTECE. Retorne ao Navegador de Objeto.

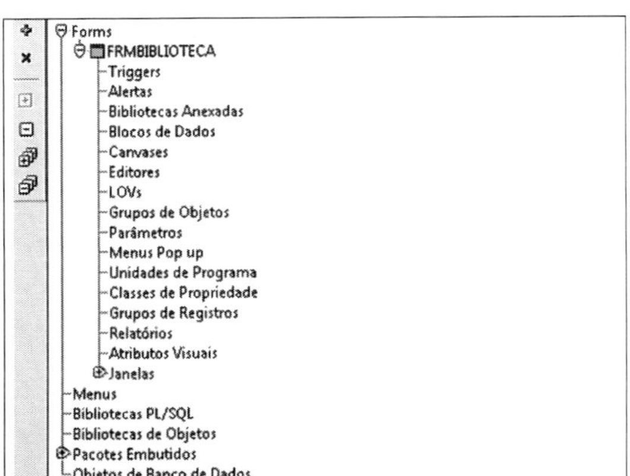

Adicionando Biblioteca

Selecione o objeto Biblioteca PL/SQL. Em seguida clique no ícone (+) no canto superior esquerdo da IDE. Será criada a Biblioteca que o leitor deverá implementar.

Especificação de Pacote

Selecione o objeto Unidades de Programa, clique no ícone (+) e será disponibilizada a tela de diálogo.

Informe o nome da Unidade de Programa neste caso UNP_UF, Marque a opção Especificação de Pacote, em seguida clique no botão OK.

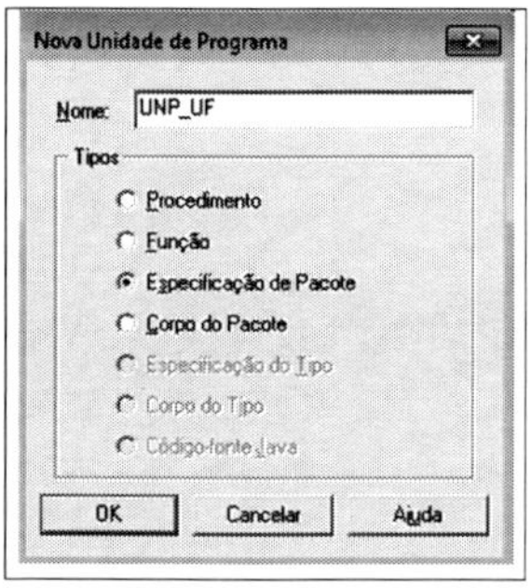

Será disponibilizada a área, para que o leitor possa definir quais procedures serão implementados na Unidade de Programa Corpo do Pacote

Neste caso UNP_UF iremos implementar as procedures Incluir, Alterar, Consultar e Excluir.

```
PACKAGE UNP_UF IS
        PROCEDURE INCLUIR(PUF UF%ROWTYPE);
        PROCEDURE ALTERAR(PUF UF%ROWTYPE);
                PROCEDURE EXCLUIR(PCOD_UF NUMBER);
                PROCEDURE CONSULTAR(PCOD_UF NUMBER,PUF OUT UF%ROWTYPE);
        END;
```

Corpo do Pacote

Selecione o objeto Unidades de Programa , clique no ícone (+) e será disponibilizada a tela de diálogo.

Informe o nome da Unidade de Programa, neste caso UNP_UF, Marque a opção Corpo do Pacote, em seguida clique no botão OK.

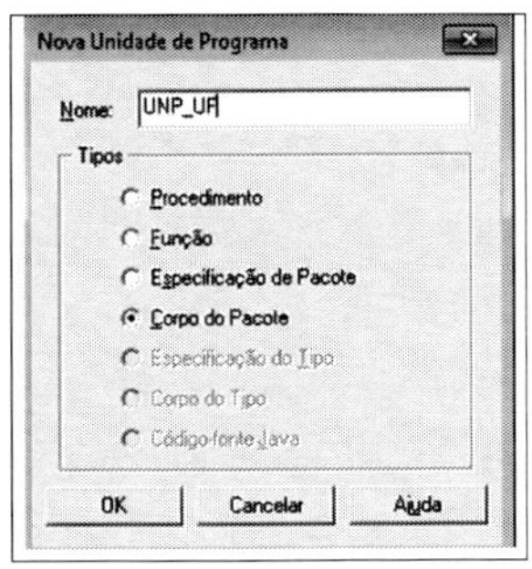

Será disponibilizada uma área para que o leitor possa implementar e/ou codificar as procedures definidos Unidade de Programa Especificação de Pacote.

```
PACKAGE BODY UNP_UF IS

        PROCEDURE INCLUIR(PUF UF%ROWTYPE) AS

        begin

                        begin

                SELECT MAX(COD_UF)

                INTO NVL(PUF.cod_uf,0)+1

                FROM UF;

                insert into uf (cod_uf,dsc_uf)

                values (PUF.cod_uf,PUF.dsc_uf);

                message('Inserido com sucesso');

                clear_message;

                        exception

                        WHEN OTHERS THEN

                        message('Erro de insert : ' || sqlerrm);

                        clear_message;
```

```
                        end;
                end;

        PROCEDURE ALTERAR(PUF UF%ROWTYPE) AS
        begin
                        begin
   update uf
   set dsc_uf = PUF.dsc_uf
   where cod_uf = PUF.cod_uf;
   message('Alterado com sucesso');
   clear_message;
  exception
    WHEN OTHERS THEN
      message('Erro de alterar : ' || sqlerrm);
      clear_message;
  end;
end;

PROCEDURE EXCLUIR(PCOD_UF NUMBER) AS
begin
 begin
   delete from uf
   where cod_uf = PCOD_UF;
   message('Excluido com sucesso');
   clear_message;
 exception
    WHEN OTHERS THEN
    message('Erro de exclusao : ' || sqlerrm);
    clear_message;
 end;
end;

PROCEDURE CONSULTAR(PCOD_UF NUMBER,PUF OUT UF%ROWTYPE) AS
```

```
      begin
       begin
          select cod_uf,dsc_uf
          into PUF.cod_uf,PUF.dsc_uf
          from uf
          where cod_uf = PCOD_UF;
        exception
           WHEN OTHERS THEN
              message('Erro de consulta : ' || sqlerrm);
              clear_message;
        end;
    end;
END;
```

Salvando Biblioteca

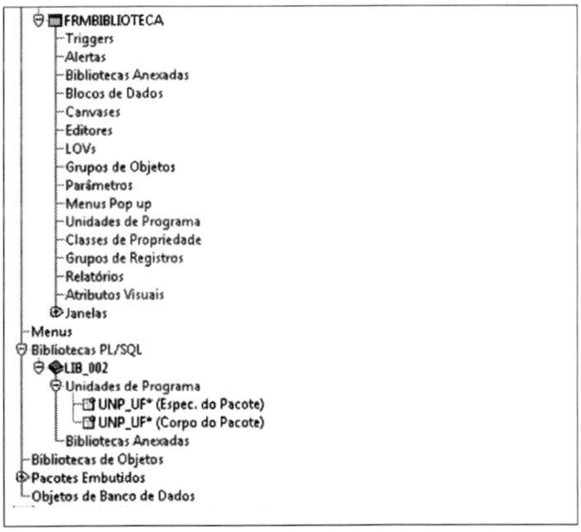

Clique no ícone Salvar da IDE e será disponibilizada a tela de diálogo para o leitor selecionar a pasta onde a biblioteca será salva. Normalmente o Leitor deverá selecionar a pasta do formulário FRMBIBLIOTECA. Em seguida clique no botão salvar.

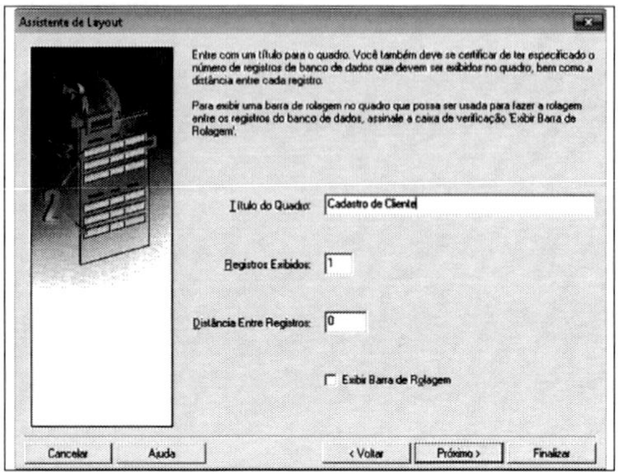

Criando Formulário FRMUF

Crie um formulário FRMUF conforme apresentado no capítulo 3.

Adicionando Biblioteca Indexada

Selecionamos o objeto Biblioteca Indexada, em seguida clique no ícone (+) no canto superior esquerdo da IDE.

Será disponibilizada a tela de diálogo, conforme figura a seguir. Clique no botão procurar.

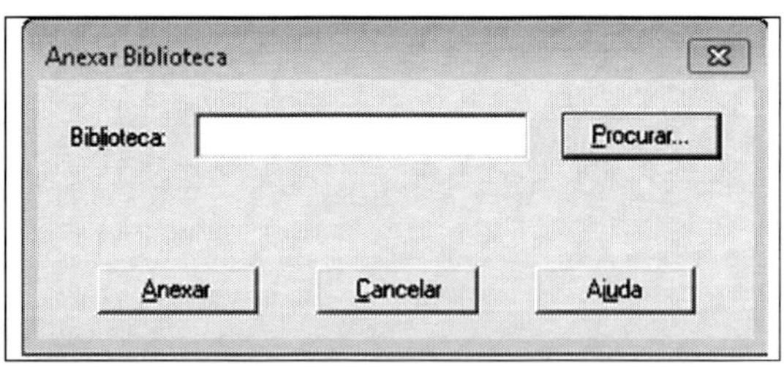

Será disponibilizada a tela de diálogo para que leitor localize o arquivo LIB_002.pll. Uma boa prática é ter uma pasta específica para armazenar os arquivos *.pll. Após localizar e selecionar o arquivo LIB_002.pll, clique no botão abrir.

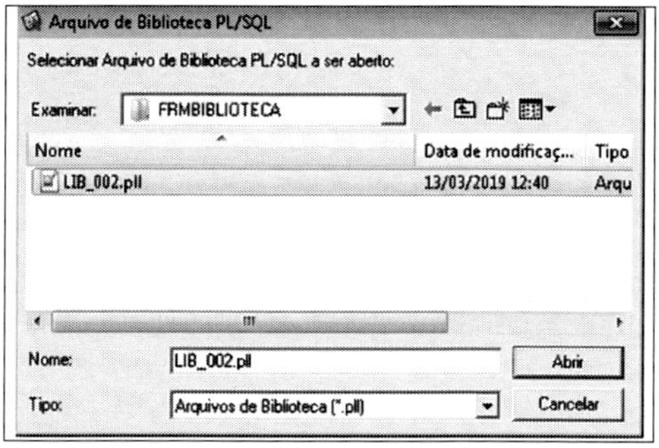

Em seguida clique no botão anexa. LIB_002.pll serão incorporados pelo Formulário FRMUF disponibilizando todos os recursos da Biblioteca, para que o leitor possa utilizar conforme as suas necessidades.

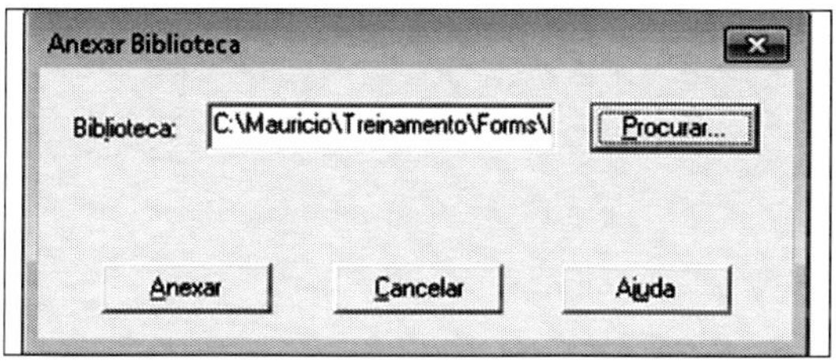

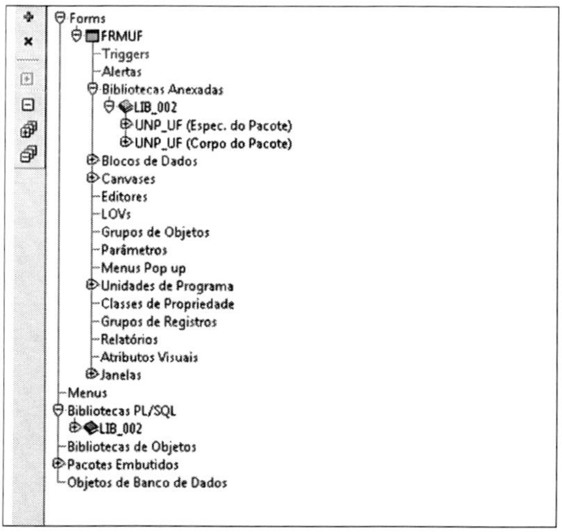

Codificando Trigger

Botão Incluir

Após concluir a indexação da Biblioteca LIB_002.pll.I remos iniciar a codificação do formulário FRMUF. Retorne ao editor de layout da canvas CANCUF, selecione o botão Incluir, clique com o botão direito. Será disponibilizado um submenu , selecione a opção Editor de PL/SQL e será disponibilizada uma lista de trigger para o leitor selecionar. Selecione sempre a trigger que irá atender as suas necessidades. Neste caso iremos selecionar WHEN-BUTTON-PRESSED.

Será disponibilizada a área, para que o Leitor possa implementar o código que será executado quando o usuário clicar no botão Incluir. Implemente o código a seguir.

```
DECLARE
LUF UF%ROWTYPE;
BEGIN
        LUF.COD_UF := :BLCUF.COD_UF;
        LUF.DSC_UF := :BLCUF.DSC_UF;
        UNP_UF.INCLUIR(LUF);
END;
```

Botão Alterar

Selecione o botão Alterar, clique com o botão direito. Será disponibilizado um submenu. Selecione a opção Editor de PL/SQL. Será disponibilizada uma lista de trigger para o Leitor selecionar. Selecione a trigger WHEN-BUTTON--PRESSED.

Será disponibilizada a área, para que o Leitor possa implementar o código que será executado quando o usuário clicar no botão Alterar, implemente o código a seguir.

```
DECLARE
        LUF UF%ROWTYPE;
        BEGIN
                LUF.COD_UF := :BLCUF.COD_UF;
                LUF.DSC_UF := :BLCUF.DSC_UF;
                UNP_UF.ALTERAR(LUF);
        END;
```

Botão Excluir

Selecione o botão Excluir, clique com botão direito, Será disponibilizado um submenu. Selecione a opção Editor de PL/SQL e será disponibilizada uma lista de trigger para o leitor selecionar. Selecione a trigger WHEN-BUTTON--PRESSED.

Será disponibilizada a área, para que o leitor possa implementar o código que será executado quando o usuário clicar no botão Excluir. Implemente o código a seguir.

```
BEGIN
        UNP_UF.EXCLUIR(:BLC_UF.COD_UF);
END;
```

Botão Consultar

Selecione o botão Consultar e clique com o botão direito, será disponibilizado um submenu. Selecione a opção Editor de PL/SQL e será disponibilizada uma lista de trigger para o leitor selecionar. Selecione a trigger WHEN-BUTTON-PRESSED.

Será disponibilizada a área, para que o leitor possa implementar o código que será executado quando o usuário clicar no botão Consultar. Implemente o código a seguir.

```
DECLARE
        LUF UF%ROWTYPE;
        BEGIN
                UNP_UF.CONSULTAR(:BLC_UF.COD_UF,LUF)
                IF NVL(LUF.COD_UF,0) > 0 THEN
                                :BLC_UF.DSC_UF := LUF.DSC_UF
                END IF;
        END;
```

Compilar

Dessa forma concluímos a implementação. Agora é preciso compilar. Para isso, clique no menu principal da IDE na opção Programar\Compilar PLSQL\Tudo.

Conclusão

Neste capítulo aprendemos: Como implementar uma Biblioteca em PL/SQL que será utilizada por um ou mais formulários.

Capítulo 7

Funções Nativas

Neste capítulo, iremos apresentar as principais funções que Oracle Forms disponibiliza e que o leitor irá utilizar no seu dia a dia como desenvolvedor Oracle.

EXECUTE_QUERY

Executa select no banco de dados corrente atualizando os registros do bloco de dados corrente.

Exemplo
EXECUTE_QUERY;
FIND_FORM

Pesquisa um formulário e retorna um ID de módulo de formulário quando encontra um formulário válido com o nome fornecido.
Exemplo

```
Begin
        Form_id  FORMMODULE ;
        Declare
        Form_id := FIND_FORM('FRMCLI');
        If not id_null(Form_id) Then
            message('Form_id : ' || Form_id);
            clear_message;
        End if ;
End ;
```

FIND_ITEM
Pesquisa um item e retorna um ID do item quando encontra um item válido com o nome fornecido.

Exemplo

```
DECLARE
```

```
it_id Item;
BEGIN
        it_id := FIND_ITEM('BLN_INCLUIR');
        IF Id_Null(it_id) THEN
            Message('Não achou');
        ELSE
            Message('Achou');
        END IF;
END;
```

FIRST_RECORD

Posiciona no primeiro registro de registros do bloco de dados.

Exemplo

```
FIRST_RECORD;
```

GET_BLOCK_PROPERTY

Retorna informações de propriedade de bloco de dados.

Exemplo

```
LDEFAULT_WHERE := GET_BLOCK_PROPERTY(BLCUF,DEFAULT_WHERE);
```

GO_BLOCK

Navega para um bloco indicado.

Exemplo

```
GO_BLOCK ('BLC_UF');
```

GO_FORMS

Para navegar pelos diferentes forms do aplicativo.
Exemplo

```
Begin
        Form_id  FORMMODULE ;
        Declare
     Form_id := Find_Form('FRMCLI') ;
        If not id_null( Form_id ) Then
            GO_FORMS(Form_id) ;
        End if ;
 End ;
```

NEXT_RECORD

Navega para o próximo registro de bloco de dados.
Exemplo

```
IF :SYSTEM.last_record = 'TRUE' THEN
        EXIT;
    ELSE
        NEXT_RECORD;
    END IF;
```

SET_ITEM_PROPERTY

Modifica todas as instâncias de um item em um bloco, alterando uma propriedade de item especificada.

Exemplo

```
DECLARE
     it_id Item;
     BEGIN
        it_id := FIND_ITEM('BLN_INCLUIR');
        IF Id_Null(it_id) THEN
            Message('Não achou');
        ELSE
            Set_Item_Property(it_id,ENABLED,PROPERTY_FALSE);
```

```
        END IF;
END;
```

SET_BLOCK_PROPERTY

Atualiza a propriedade do bloco de dados durante a execução do formulário.
Exemplo

```
SET_BLOCK_PROPERTY(BLCUF,DEFAULT_WHERE,LDEFAULT_WHERE);
```

SYSTEM.BLOCK_STATUS

Retorna o status do bloco de dados corrente.

Status	Descrição
CHANGED	Indica que o registro consta como alterado.
NEW	Indica que o registro consta como novo.
QUERY	Indica que o registro consta como válido que veio de uma consulta ao Banco.

Exemplo

```
BEGIN
        GO_BLOCK ('BLC_CLI');
FIRST_RECORD;
IF :SYSTEM.BLOCK_STATUS = 'CHANGED' THEN
            COMMIT_FORM;
END IF;
END;
```

SYSTEM.last
Indica se o registro atual é o último registro de registros de um bloco de dados.
Exemplo

```
BEGIN
```

```
        IF :System.Last_Record = 'TRUE' THEN
            Message('Ultimo registro do Bloco de Dados');
        ELSE
            Message('Ainda não é último registro do Bloco de Dados');
       END;
END;
```

SYSTEM.MODE

Retorna o status do formulário.

Status	Descrição
NORMAL	Indica que o FORM está no modo normal de processamento.
ENTER-QUERY	Indica que o FORM está no modo Enter-Query.
QUERY	Indica que o FORM está no modo Consultando, significa que a consulta está sendo executada.

```
BEGIN
        IF :SYSTEM.MODE != 'NORMAL' THEN
            COMMIT_FORM;
        END IF;
END;
```

SYSTEM.RECORD_STATUS

Retorna o status do registro corrente do bloco de dados.

Status	Descrição
CHANGED	Indica que o registro consta como alterado.
NEW	Indica que o registro consta como novo.
QUERY	Indica que o registro consta como válido que veio de uma consulta ao Banco.
INSERT	Indica que o registro consta como alterado e ainda não existe no Banco.

Exemplo

```
BEGIN
        GO_BLOCK ('BLC_CLI');
        FIRST_RECORD;
        IF :SYSTEM.RECORD_STATUS IN ('CHANGED', 'INSERT') THEN
            COMMIT_FORM;
        END IF;
END;
```

LOOP EM BLOCO DE DADOS

DECLARE

```
        TOTF number;
          TOTM number;
BEGIN
            TOTF := 0;
            TOTM := 0;
            GO_BLOCK ('BLC_CLI');
            FIRST_RECORD;
           LOOP
                IF :SYSTEM.last_record = 'TRUE' THEN
                    EXIT;
                ELSE
                    NEXT_RECORD;
                END IF;
                IF :BLC_CLI.SEXO = 'F' THEN
                   TOTF := TOTF + 1;
                ELSE
                   TOTM := TOTM + 1;
                END IF;
            END LOOP;
            Message('Total de Clientes Feminino : ' || TOTF);
            Message('Total de Clientes Masculino : ' || TOTM);
END;
```

Conclusão

Neste capítulo aprendemos: as principais funções que Oracle Forms disponibiliza e que o leitor irá utilizar no seu dia a dia como desenvolvedor Oracle Forms.

Concluímos aqui o nosso livro que teve como objetivo ensinar a implementar um sistema utilizando Oracle Forms Developer.

Espero que o leitor possa aproveitar os conhecimentos adquiridos com a leitura deste livro no seu dia a dia como desenvolvedor.

Impressão e acabamento
Gráfica da Editora Ciência Moderna Ltda.
Tel: (21) 2201-6662